전과목

단원평가
총정리

1·2

꿈을 향해 달려 보아요.
그러나
목표를 알고 있어야겠지요?
그래야
목표를 향해 달리는 길이
더욱 쉽고
또 좋은 결과를 얻는
길이 될 테니까요.
자, 지금부터
풍선처럼 부푼 꿈속으로
신나는 여행을 떠나 보아요.

구성과 특징

단원 평가 ✚ 기출 문제

1 개념 확인

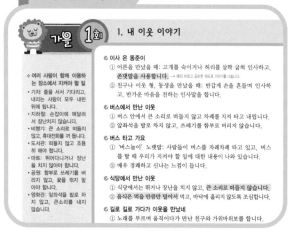

단원에서 꼭 알아야 할 핵심 개념을 한눈에 볼 수 있도록 정리하여 기본을 튼튼하게 다질 수 있습니다.

> 단원 평가와 마무리 평가로 학교 시험을 완벽하게 대비하세요.

2 단원 확인 평가

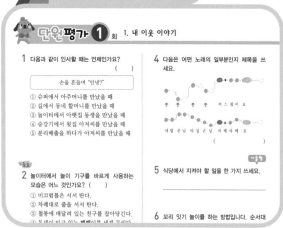

실제 학교 시험에서 꼭 나오는 문제, 잘 틀리는 문제가 무엇인지 알고 익히면서 단원 평가를 완벽하게 대비합니다.

3 플러스 학습

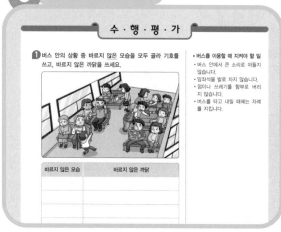

과목별로 다양한 보충·심화 문제를 풀어 시험에 대한 자신감을 높이고 실력을 끌어올립니다.

*국어-국어 활동 확인 / 수학-탐구 수학 활동 / 가을, 겨울-수행 평가

마무리 평가

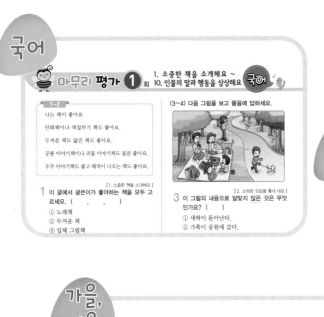

마무리 평가 ①회

국어

1. 소중한 책을 소개해요 ~
10. 인물의 말과 행동을 상상해요

1-2

나는 책이 좋아요

만화책이나 색칠하기 책도 좋아요.

두꺼운 책도 얇은 책도 좋아요.

공룡 이야기책이나 괴물 이야기책도 물론 좋아요.

우주 이야기책도 좋고 해적이 나오는 책도 좋아요.

[1. 소중한 책을 소개해요]
1 이 글에서 글쓴이가 좋아하는 책을 모두 고르세요. (,   ,   )
① 노래책
② 두꺼운 책
③ 입체 그림책

(3~4) 다음 그림을 보고 물음에 답하세요.

[2. 소리와 모습을 흉내 내요]
3 이 그림의 내용으로 알맞지 않은 것은 무엇인가요? (   )
① 새싹이 돋아난다.
② 가족이 공원에 갔다.

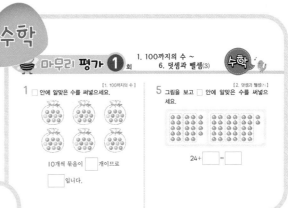

마무리 평가 ①회

수학

1. 100까지의 수 ~
6. 덧셈과 뺄셈(3)

[1. 100까지의 수]
1 ☐ 안에 알맞은 수를 써넣으세요.

10개씩 묶음이 ☐ 개이므로

☐ 입니다.

[2. 덧셈과 뺄셈(1)]
5 그림을 보고 ☐ 안에 알맞은 수를 써넣으세요.

24+☐ = ☐

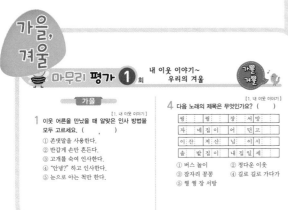

마무리 평가 ①회

가을, 겨울

내 이웃 이야기~
우리의 겨울

가을

[1. 내 이웃 이야기]
1 이웃 어른을 만났을 때 알맞은 인사 방법을 모두 고르세요. (,   )
① 존댓말을 사용한다.
② 반갑게 손만 흔든다.
③ 고개를 숙여 인사한다.
④ "안녕?" 하고 인사한다.
⑤ 눈으로 아는 척만 한다.

[1. 내 이웃 이야기]
4 다음 노래의 제목은 무엇인가요? (   )

쩡		쩡		장	서	방
자	네	집	이	어	딘	고
이	산	저	산	넘	어	시
솔		밭	집	이	내 집	일 세

① 버스 놀이
② 정다운 이웃
③ 잠자리 꽁꽁
④ 길로 길로 가다가
⑤ 쩡 쩡 장 서방

총 4회(240문항)의 마무리 평가를 통해 다양한 유형의 문제를 풀고 익히면 어떠한 시험에도 철저하게 대비할 수 있습니다.

별책 부록 정답과 풀이

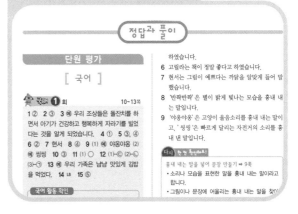

정답과 풀이

단원 평가

[국어]

국어 ①회 10~13쪽

1 ② 2 ③ 3 예 우리 조상들은 돌잔치를 하면서 아기가 건강하고 행복하게 자라기를 빌었다는 것을 알게 되었습니다. 4 ① 5 ③, ④ 6 ② 7 현서 8 ④ 9 (1) 야옹야옹 (2) 예 씽씽 10 ③ 11 (1) ○ 12 (1)-ⓒ (2)-ⓒ (3)-ⓒ 13 예 우리 가족은 남남 맛있게 김밥을 먹었다. 14 ㉴ 15 ⑤

하였습니다.
6 고릴라는 책이 정말 좋다고 하였습니다.
7 현서는 그림이 예쁘다는 까닭을 알맞게 들어 말했습니다.
8 '반짝반짝'은 별이 밝게 빛나는 모습을 흉내 내는 말입니다.
9 '야옹야옹'은 고양이 울음소리를 흉내 내는 말이고, '씽씽'은 빠르게 달리는 자전거의 소리를 흉내 낸 말입니다.

다시 한 번 확인해요
흉내 내는 말을 넣어 문장 만들기 ➡ 9쪽
• 소리나 모습을 표현한 말을 흉내 내는 말이라고 합니다.
• 그림이나 문장에 어울리는 흉내 내는 말을 찾아

국어 활동 확인

스스로 틀린 문제를 점검하고, '다시 한 번 확인해요!'를 통해 핵심 개념을 더욱 자세하게 기억할 수 있습니다.

차례  1-2

단원 평가

마무리 평가

출제 예상 문제 분석 국어

단원명	주요 출제 내용	출제 빈도	공부한 날
1. 소중한 책을 소개해요 ~ 2. 소리와 모양을 흉내 내요	• 글을 읽고 재미있는 부분 찾기	★★★★★	월 일
	• 글을 읽고 새롭게 알게 된 점 말하기	★★★★	
	• 낱말의 받침에 주의하며 글 읽기	★★★★★	
	• 흉내 내는 말을 넣어 문장 만들기	★★★★★	
	• 소리나 모양을 떠올리며 글 읽기	★★★	
	• 끝말잇기하기	★★★★	
3. 문장으로 표현해요 ~ 4. 바른 자세로 말해요	• 문장 부호의 쓰임을 알고 문장 바르게 쓰기	★★★★★	월 일
	• 글을 읽고 생각이나 느낌을 문장으로 쓰기	★★★★	
	• 듣는 이를 바라보며 자신 있게 말하기	★★★★	
	• 느낌을 살려 이야기 읽어 주기	★★★★	
5. 알맞은 목소리로 읽어요 ~ 6. 고운 말을 해요	• 알맞은 목소리로 글을 읽어야 하는 까닭 알기	★★★★★	월 일
	• 소리 내어 시 읽기	★★★	
	• 고운 말을 쓰면 좋은 점 알기	★★★★	
	• 자신의 기분을 말하는 방법 알기	★★★★★	
	• 듣는 이를 생각하며 기분 말하기	★★★★★	

단원명	주요 출제 내용	출제 빈도	공부한 날
7. 무엇이 중요할까요 ~ 8. 띄어 읽어요	• 누가 무엇을 했는지 생각하며 글 읽기	★★★★★	월 일
	• 일어난 일을 생각하며 글 읽기	★★★	
	• 주요 내용에 알맞게 제목 붙이기	★★★	
	• 글을 바르게 띄어 읽기	★★★★	
	• 글을 읽고 무엇을 설명하는지 알기	★★★★★	
9. 겪은 일을 글로 써요 ~ 10. 인물의 말과 행동을 상상해요	• 글쓴이가 겪은 일 알기	★★★	월 일
	• 겪은 일에 대한 생각이나 느낌 말하기	★★★	
	• 겪은 일이 잘 드러나게 글쓰기	★★★★★	
	• 만화 영화를 보고 재미있는 장면 말하기	★★★	
	• 이야기를 읽고 인물의 모습과 행동 상상하기	★★★★★	

1. 소중한 책을 소개해요

💚 「돌잡이」를 읽고 새롭게 알게 된 점

뜻	아기가 여러 가지 물건 가운데에서 한두 개를 잡는 것
하는 때	아기의 첫 번째 생일
놓는 물건	쌀, 떡, 책, 붓, 돈, 활, 실 등
돌잡이 물건의 의미	실: 오래 살 것이라는 뜻 / 책: 공부를 잘하게 될 것이라는 뜻 / 쌀: 부자가 될 것이라는 뜻

💚 받침 'ㄲ', 'ㅆ'이 들어간 글자

받침 'ㄲ'	낚시 묶다 닦다
받침 'ㅆ'	있어요 썼다 잤다

💚 「달리기」에 나오는 흉내 내는 말

벌렁벌렁	긴장해서 가슴이 뛰는 소리
삑	호루라기를 부는 소리
다다다다	다리가 재빨리 움직이는 모습
헉헉헉	숨을 몰아쉬는 소리

🔖 낱말풀이

❶ **받침** 모음 글자 아래에 받쳐 적는 자음자.

❷ **소개** 잘 알려지지 아니하였거나, 모르는 사실이나 내용을 잘 알도록 하여 주는 설명.

💚 글을 읽고 재미있는 부분 찾기

① 시의 내용을 파악합니다.

② 시와 관련한 경험을 나누어 봅니다.

③ 시에서 재미있는 내용을 찾아봅니다.

④ 시를 읽고 떠오르는 장면을 그림으로 그려 봅니다.

└ 재미있는 표현이나 장면, 재미있는 생각, 반복되는 말 등

💚 글을 읽고 새롭게 알게 된 점 말하기

① 자신이 이미 알고 있었던 내용을 생각해 봅니다.

② 자신이 알고 싶은 점은 무엇인지 생각해 봅니다.

③ 글을 읽고 새롭게 알게 된 점을 생각해 봅니다.

💚 낱말의 받침❶에 주의하며 글 읽기

① 같은 자음자가 두 개인 받침이 있습니다.

② 받침 'ㄲ', 'ㅆ'이 들어간 글자에 주의하여 글을 읽습니다.

└ 받침 'ㄲ', 'ㅆ'이 받침에 쓰일 때 뒤에 오는 자음이 강하게 발음되는 것에 주의하여 읽습니다.

💚 여러 가지 모양의 책 읽기

① 여러 가지 모양의 책

▲ 갈 지 자형으로 접어서 펼쳐지는 모양이 병풍처럼 생긴 책

▲ 책을 열었을 때 입체적인 형태가 튀어나오는 책

② 여러 가지 종류의 책: 헝겊책, 퍼즐책, 소리책, 촉각책 등

③ 여러 가지 종류와 내용의 책을 찾아 읽어 봅니다. → 글이 없는 그림책, 새로운 표현 기법의 그림책 등

💚 재미있게 읽은 책 소개❷하기

① 재미있게 읽은 책과 그렇게 생각한 까닭을 생각합니다.

② 소개하고 싶은 책을 한 가지 정하여 책의 내용과 소개하고 싶은 까닭을 정리합니다.

③ 친구들이 재미있게 들을 수 있도록 책을 소개합니다.

└ 소개하는 책을 직접 준비해서 표지와 내용을 보여 주며 소개하면 듣는 사람이 더욱 흥미를 가지게 됩니다.

2. 소리와 모양을 흉내 내요

🍀 흉내 내는 말을 넣어 문장 만들기

① 소리나 모양을 표현한 말을 흉내 내는 말이라고 합니다.

쏙쏙	싹이 땅을 뚫고 나온 모양을 흉내 낸 말
주룩주룩	비가 내리는 소리를 흉내 낸 말

② 그림이나 문장에 어울리는 흉내 내는 말을 찾아 씁니다.
└─ 그림이나 문장에 나온 사물의 모습, 사물에서 나는 소리, 인물의 표정 등을 살펴봅니다.

예

- 나뭇잎이 살랑살랑 움직입니다.
- 고양이가 야옹야옹 웁니다.
- 자전거가 씽씽 지나갑니다.

🍀 소리나 모양을 떠올리며 시 읽기
└─ 시를 읽고 흉내 내는 말을 찾으면 재미있고, 장면이 더 잘 떠오릅니다.

① 시에 쓰인 흉내 내는 말을 찾아봅니다.
② 흉내 내는 말의 느낌을 말해 봅니다.
└─ 벌렁벌렁, 삑, 다다다다, 씽씽, 헉헉헉

🍀 소리나 모양을 떠올리며 글 읽기

① 흉내 내는 말은 소리나 모양을 잘 떠올릴 수 있게 합니다.

울긋불긋	단풍의 색을 흉내 낸 말
윙윙	고추잠자리가 나는 모양을 흉내 낸 말
멍멍	강아지가 짖는 소리를 흉내 낸 말

🍀 여러 가지 받침이 있는 낱말 알기

- 받침에는 서로 다른 글자가 두 개인 것이 있습니다.
└─ ㄳ, ㄵ, ㄶ, ㄺ, ㄻ, ㄼ, ㄽ, ㄾ, ㄿ, ㅀ

🍀 끝말잇기하기

① 흉내 내는 말을 활용해 끝말잇기를 해 봅니다.
② 앞 낱말의 끝 글자로 시작하는 낱말을 써 봅니다.

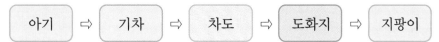

아기 ⇨ 기차 ⇨ 차도 ⇨ 도화지 ⇨ 지팡이

국어

1 글을 읽고 새롭게 알게 된 점을 알맞게 말한 것에 ○표를 하세요.

(1) 제목이 '돌잡이'라는 것이 재미있어.
( )

(2) 돌잡이를 할 때 실, 책, 쌀 등을 놓는다는 것을 알게 되었어. ( )

2 다음 그림과 같은 책을 무엇이라고 하는지 쓰세요.

( )

3 다음 글자에 들어 있는 받침을 선으로 이어 보세요.

(1) 덟 · · ① ㅆ

(2) 었 · · ② ㄼ

4 다음 그림에 알맞은 흉내 내는 말에 ○표를 하세요.

(윙윙, 울긋불긋, 냠냠)

정답

1. (2) ○ 2. 병풍책 3. (1) ②
(2) ① 4. 윙윙

1. 소중한 책을 소개해요

1~3

우리 조상들은 아기의 첫 번째 생일에 돌잔치를 했습니다. 돌잔치에서는 맛있는 음식을 차려 나누어 먹고 돌잡이도 했습니다. 돌잡이는 아기가 여러 가지 물건 가운데에서 한두 개를 잡는 것입니다.

돌잡이상 위에는 쌀, 떡, 책, 붓, 돈, 활, 실 등을 올려놓았습니다. 실을 잡는 아이는 오래 살 것이라고 생각했습니다. 책을 잡는 아이는 공부를 잘하게 될 것이라고 여겼습니다. 또 쌀을 잡는 아이는 부자가 될 것이라고 했습니다.

1 돌잡이를 하는 때는 언제인가요? (　　)

① 아기가 태어난 날
② 아기의 첫 번째 생일
③ 아기가 처음으로 뒤집은 날
④ 아기가 태어난 지 백 일 되는 날
⑤ 아기의 첫 번째 동생이 태어난 날

2 실을 잡는 아이를 보고 생각한 것은 무엇인가요? (　　)

① 건강할 것이다.
② 예뻐질 것이다.
③ 오래 살 것이다.
④ 부자가 될 것이다.
⑤ 공부를 잘할 것이다.

서술형

3 이 글을 읽고 새롭게 알게 된 점을 보기 와 같이 쓰세요.

보기

아기가 잡는 물건을 보고 아기의 장래와 성격을 짐작했다는 것을 알게 되었습니다.

_____

_____

4 다음 중 글자에 들어 있는 받침이 <u>다른</u> 하나는 무엇인가요? (　　)

① 낚　　　　② 있
③ 썼　　　　④ 갔
⑤ 잤

5~6

우주 이야기책도 좋고 해적이 나오는 책도 좋아요.

노래책, 이상한 이야기책까지!

맞아요, 난 책이 정말 좋아요.

「나는 책이 좋아요」, 앤서니 브라운

5 '내' 가 좋아하는 책이 <u>아닌</u> 것을 고르세요.
(　　)

① 노래책
② 우주 이야기책
③ 이상한 이야기책
④ 해적이 나오는 책
⑤ 물에 젖지 않는 책

중요

6 책에 대해 '나' 는 어떻게 생각하였나요?
(　　)

① 책이 싫어요.
② 책이 좋아요.
③ 책은 지루해요.
④ 얇은 책이 좋아요.
⑤ 도서관에 책이 많아요.

7 좋아하는 책을 소개할 때 좋아하는 까닭을 바르게 말한 친구는 누구인지 쓰세요.

> 현서: 나는 이 책의 그림이 예뻐서 좋아.
> 도영: 이 책은 두꺼워서 읽는 데 오래 걸렸어.
> 유빈: 다음에는 그림보다 글이 더 많은 책을 읽을 거야.

( )

2. 소리와 모양을 흉내 내요

잘 틀려요

8 오른쪽 그림에 알맞은 흉내 내는 말은 무엇인가요? ( )

① 활짝
② 쑥쑥
③ 주렁주렁
④ 반짝반짝
⑤ 주룩주룩

9 다음 그림을 보고 빈칸에 알맞은 흉내 내는 말을 쓰세요.

(1) 고양이가 ( ) 웁니다.
(2) 자전거를 탄 사람이 ( ) 지나갑니다.

10~11

> 준비!
> 가슴이 벌렁벌렁
>
> 삑!
>
> 내 발이 ㉠다다다다
> 바람이 씽씽
>
> 나도
> 친구도
> 헉헉헉.

10 이 시에 나온 흉내 내는 말 가운데에서 오른쪽 그림에 어울리는 말은 무엇인가요? ( )

① 삑
② 씽씽
③ 헉헉헉
④ 벌렁벌렁
⑤ 다다다다

11 ㉠'다다다다'를 다른 흉내 내는 말로 알맞게 바꾸어 말한 친구에게 ○표를 하세요.

(1) 나는 '두두두두'로 바꾸고 싶어.

(2) 나는 '엉금엉금'으로 바꾸고 싶어.

( ) ( )

즐거운 단풍 구경

우리 가족은 공원에 갔다. 단풍이 ㉠ 예쁘게 물들어 있었다. 고추잠자리가 ㉡ 날아다니고 우리 강아지도 신이 나서 멍멍 짖었다. 동생도 ㉢ 웃으며 뛰어다녔다. 우리 가족은 단풍을 보며 즐거운 시간을 보냈다.

12 ㉠~㉢에 들어갈 흉내 내는 말을 찾아 선으로 이어 보세요.

(1) ㉠ •   • ㉠ 깔깔

(2) ㉡ •   • ㉡ 윙윙

(3) ㉢ •   • ㉢ 울긋불긋

서술형

13 이 그림을 보고 흉내 내는 말을 사용하여 보기 와 같이 문장을 만들어 쓰세요.

보기

사진을 찰칵 찍었습니다.

_____

_____

14 다음 그림을 보고 낱말에 들어갈 알맞은 받침을 쓰세요.

끄다

잘 틀려요

15 끝말잇기를 할 때 다음 빈칸에 들어갈 알맞은 낱말은 무엇인가요? (   )

① 도로
② 팽이
③ 도깨비
④ 기러기
⑤ 도화지

1 건강한 생활을 위한 내용을 찾아 ○표를 하세요.

■ 여러 가지 모양의 책 읽기

• 여러 가지 모양의 책: 병풍책, 팝업책, 헝겊책, 퍼즐책, 소리책, 촉각책, 계단책, 고리책 등

• 여러 가지 종류와 내용의 책을 찾아 읽어 봅니다.

• 글자와 사진(그림)을 함께 보면서 낱말을 읽어 봅니다.

2 다음 그림을 보고 보기 에서 알맞은 말을 찾아 쓰세요.

■ 소리나 모습을 흉내 내는 말

• 소리나 모습을 표현한 말을 흉내 내는 말이라고 합니다.

• 그림이나 문장에 어울리는 흉내 내는 말을 찾아 씁니다.

> 보기
>
> 두둥실   앙앙   살금살금   납작

(1) 호랑이가 (   ) 엎드립니다.

(2) 도둑이 (   ) 내려옵니다.

3 알맞은 낱말을 찾아 선으로 이어 보세요.

■ 여러 가지 받침

• 받침에는 서로 다른 글자가 두 개인 것이 있습니다.

앉다   얇다   밝다

(1)    •

• ① 섞다

(2)    •

• ② 낡다

(3)    •

• ③ 얇다

3. 문장으로 표현해요

문장 부호의 쓰임을 알고 문장 바르게 쓰기

작은따옴표	' '	인물이 마음속으로 한 말을 적을 때 씀. '어떤 마술을 보여 줄까?'
큰따옴표	" "	인물이 소리 내어 한 말을 적을 때 씀. "여러분, 모두 여기를 보세요."

└● 많은 사람이 듣고 자기를 보도록 크게 읽음.

생각을❶ 문장으로 나타내기

① 자신의 생각을 분명하게 드러낼 수 있는 문장을 만듭니다.
② 누가/무엇이 + 어찌하다/어떠하다 의 순서로 만듭니다.

누가/무엇이	어찌하다/어떠하다
친구들이	사이좋게 지내면 좋겠다.
친구는	소중하다.
웃는 얼굴이	보기 좋다.

여러 개의 문장으로 표현하기

● 단풍이 들었다. → 단풍이 울긋불긋 들었다. 나무가 꽃처럼 보인다.

① 전체 장면을 보고 문장으로 표현합니다.
② 장면을 부분으로 나누어 여러 개의 문장으로 표현합니다.
③ 상황을 생생하게 나타내는 낱말을 넣습니다.
④ 표현하고자 하는 대상이나 상황을 살펴봅니다.
⑤ 적당한 길이로 문장을 씁니다.
⑥ 문장에 낱말을 썼을 때 틀린 문장이 되지 않도록 합니다.

받침에 주의해 문장 쓰기

• 받침에는 서로 다른 글자가 두 개인 것이 있습니다.
└●ㄳ, ㄵ, ㄶ, ㄺ, ㄻ, ㄼ, ㄽ, ㄾ, ㄿ, ㅀ

예 얇다 굵다 젊다 뚫다 핥다 끓다

글을 읽고 생각이나 느낌을 문장으로 쓰기

• 글을 읽고 자신의 생각이나 느낌을 자세하고 분명한 문장으로 표현합니다.
└● 예 원숭이야, 배가 고픈 친구를 위해 조금 시끄럽더라도 네가 좀 참아 주면 좋겠어.

여러 문장을 만드는 방법

단풍이 들었습니다.
⇩
단풍이 들었습니다. 나뭇잎이 꽃잎처럼 보입니다.

「사자의 지혜」의 인물에게 하고 싶은 말을 자세한 문장으로 쓰기

원숭이야, 배가 고픈 친구를 위해 조금 시끄럽더라도 네가 좀 참아 주면 좋겠어.

사자야, 너는 정말 지혜롭다. 양보를 하라는 말로 친구들을 화해하도록 했어. 나도 너의 지혜를 본받고 싶어.

「콩 한 알과 송아지」를 읽고 느낌을 살려 이야기 읽기

인물의 말	느낌을 살려 읽기
"작디작은 콩 한 알로 선물을 준비하라고? 말도 안 돼."	콩을 하찮게 여기는 마음으로 귀찮은 듯한 목소리로 읽음.
"콩을 팔아서 무엇을 살까?"	혼잣말하듯이 나지막이 읽음.

낱말 풀이

❶ 문장 생각이나 감정을 말과 글로 표현할 때 완결된 내용을 나타내는 최소의 단위.
❷ 자세 몸을 움직이거나 가누는 모양.

4. 바른 자세로 말해요

🍃 바른 자세로 이야기를 함께 듣기
① 말하는 사람을 바라보며 듣습니다.
② 다른 사람의 말을 귀 기울여 듣습니다.
└─● 딴생각을 하면서 들으면 안 됩니다.

🍃 듣는 사람을 바라보며 자신 있게 말하기
① 고개를 들고 말합니다.
② 듣는 사람을 바라보며 말합니다.
③ 바른 자세로 서서 말합니다.
④ 모두 들을 수 있도록 큰 소리로 말합니다.
└─● 목소리가 너무 작으면 무슨 이야기인지 정확하게 알기 어렵습니다.

🍃 자신의 꿈 말하기
① 자신의 꿈을 떠올려 봅니다.
② 자신의 꿈을 이루기 위해 잘하는 것, 부족한 것, 노력해야 할 것, 앞으로의 다짐 등을 생각하여 정리하여 봅니다.
③ 듣는 이를 바라보며 자신 있게 말합니다.

> 제 꿈은 요리사입니다. 세계 여러 나라의 음식에 대해 공부할 것입니다. 많은 사람에게 맛있는 음식을 만들어 주고 싶습니다.

🍃 느낌을 살려 이야기 읽어 주기
① 인물의 마음을 알아봅니다.
② 인물의 마음에 어울리는 표정과 목소리로 읽습니다.

🍃 잘하는 것을 자신 있게 말하기
① 자신이 잘하는 것을 떠올려 봅니다.
② 자신이 잘하는 것 가운데에서 소개할 내용을 정해 봅니다.
③ 잘하는 것을 자신 있게 말합니다.

소개할 때	• 듣는 이를 바라봅니다.	• 또박또박 말합니다.
들을 때	• 말하는 이를 바라봅니다.	• 귀 기울여 듣습니다.

바로바로 체크

1 다음 중 생각이나 느낌을 나타내는 문장에 모두 색칠하세요.

원숭이가 말했어요.	원숭이는 나뭇잎을 좋아해요.
사자는 정말 지혜로워요.	마주 보고 웃었어요.

2 여러 문장을 만드는 방법으로 알맞은 것에 모두 ○표를 하세요.
(1) 장면을 부분으로 나누어 표현합니다. (   )
(2) 상황을 생생하게 나타내는 낱말을 넣습니다.
　　　　　　　　(   )
(3) 장면을 부분으로 나누어 표현한 것을 전체 장면을 보고 말한 것으로 간단하게 표현합니다.
　　　　　　　　(   )

3 느낌을 살려 이야기를 읽을 때 생각해야 할 것을 쓰세요.
• 인물의 마음에 어울리는 표정과 (　　　　　)

 정답

1. ▨
2. (1) ○ (2) ○
3. 목소리

국어

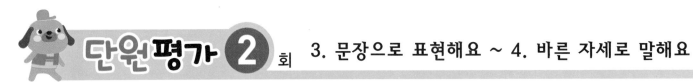

3. 문장으로 표현해요

1~2

마술사가 공연을 시작했습니다.
㉠'어떤 마술을 보여 줄까?'
우리는 궁금했습니다.
㉡"여러분, 모두 여기를 보세
요."
"모자 속에 무엇이 들어 있을
까요?"
마술사의 한마디에 모두 숨죽여 기다렸습니다.
펑!
"토끼가 나왔네요!"
우리는 모두 손뼉을 쳤습니다.

1 ㉠과 ㉡의 문장에 쓰인 문장 부호를 찾아 선으로 이어 보세요.

(1) | ㉠ | •   • ㉠ | 큰따옴표 |

(2) | ㉡ | •   • ㉡ | 작은따옴표 |

중요

2 ㉡을 따옴표의 쓰임에 맞게 읽은 것에 ○표를 하세요.

(1) 많은 사람이 자기를 보도록 크게 읽습니다. (   )

(2) 아무도 듣지 못하는 마음속의 말처럼 작게 읽습니다. (   )

3 다음 그림을 보고 자신의 생각을 문장으로 바르게 표현한 것은 어느 것인가요?
(   )

① 동생은 귀엽다.
② 부모님은 소중하다.
③ 웃는 얼굴이 보기 좋다.
④ 친구들이 화해했으면 좋겠다.
⑤ 내가 친구들과 싸운 일이 생각났다.

4~5

4 이 그림을 보고 문장을 바르게 만든 것이 아닌 것은 무엇인가요? (   )

① 단풍이 들었다.
② 모두 즐겁게 웃는다.
③ 사람들이 배를 탄다.
④ 동생이 김밥을 먹는다.
⑤ 자전거가 쌩쌩 지나간다.

서술형

5 다음 문장을 자세하게 늘여서 쓰세요.

단풍이 들었다.

6~7

가 이른 아침부터 원숭이와 기린이 싸우고 있었어요.

"나는 좀 더 자야 하니까 다른 나뭇잎을 따 먹어!"

나무 밑에서 잠을 자던 원숭이가 기린에게 버럭 소리를 질렀어요.

"여기 잎이 가장 맛있단 말이야."

기린도 물러나지 않았어요.

나 그러자 사자가 말했어요.

"서로 조금씩만 양보하렴. 기린은 배가 고파서 그런 것이고, 원숭이는 잠자는 데 방해가 되니까 화가 났잖아."

그제야 원숭이와 기린은 머쓱해하며 마주 보고 웃었어요.

6 다음은 누구의 생각인지 ○표를 하세요.

> 좀 더 자고 싶어요.

(원숭이, 기린)

잘 틀려요

7 다음은 누구에게 하고 싶은 말인지 알맞은 동물의 이름을 이 글에서 찾아 쓰세요.

(1) (　　　)야/아, 배가 고픈 친구를 위해 조금 시끄럽더라도 네가 좀 참아 주면 좋겠어.

(2) (　　　)야/아, 너는 정말 지혜롭구나. 나도 너의 지혜를 본받을게.

4. 바른 자세로 말해요

8~9

어떤 때는 친구들이 놀고 있는 곳을 찾느라 온 동네를 헤맨 적도 있어요.

"곰순아, 몽군아! 어디 있니?"

"토토야, 친구들 찾니?"

"네, 아까 곰순이가 어디로 오라고 했는데…… ."

"에그, 곰순이가 이야기할 때 딴생각을 한 거로구나."

토토는 고개를 갸우뚱거렸어요.

'어휴, 친구들 말이 귀로 들어오지 않고 어디로 간 거야?'

「딴 생각하지 말고 귀 기울여 들어요」, 서보현

8 토토가 무엇을 하고 있나요? (　　　)

① 친구들과 다투고 있다.

② 친구들과 사이좋게 놀고 있다.

③ 어머니의 심부름을 하고 있다.

④ 친구들을 찾아 동네를 헤매고 있다.

⑤ 친구들과 약속 장소에서 만나고 있다.

9 토토가 잘못한 점은 무엇인가요? (　　　)

① 약속 시간에 늦었다.

② 곰순이를 모른 척했다.

③ 곰순이가 말할 때 딴생각을 했다.

④ 곰순이에게 고운 말을 쓰지 않았다.

⑤ 바른 자세로 서서 이야기하지 않았다.

★중요★

10 자신 있게 말하는 방법을 모두 고르세요.

(, ,)

① 바닥을 보고 말한다.
② 고개를 들고 말한다.
③ 바른 자세로 서서 말한다.
④ 편안하게 기댄 자세로 말한다.
⑤ 모두 들을 수 있게 큰 소리로 말한다.

11~12

내 꿈은 요리사입니다. 세계 여러 나라의 음식에 대해 공부할 것입니다. 많은 사람에게 맛있는 음식을 만들어 주고 싶습니다.

11 말하는 이의 꿈은 무엇인가요? ( )

① 화가
② 요리사
③ 미용사
④ 간호사
⑤ 농구 선수

서술형

12 자신의 꿈은 무엇인지 자유롭게 써 보세요.

_____

_____

13~15

하루는 아버지가 딸 셋을 한자리에 불러 이렇게 말했어요.
"이제 너희도 많이 컸으니 내년엔 할아버지 생신 선물을 준비해 보아라."
그러고는 콩 한 알씩을 나눠 주었어요.
㉠"작디작은 콩 한 알로 선물을 준비하라고? 말도 안돼."
큰딸은 콩을 창밖으로 던져 버렸어요.
"콩을 심어 놓으면 가만히 둬도 무럭무럭 자랄 테니까!"
둘째 딸은 콩을 땅에 심고 꾹 밟아 놓았어요.
그런데 막내딸은 산에 올라가 콩을 미끼로 써서 꿩을 잡았어요.

「콩 한 알과 송아지」, 한해숙

13 아버지가 딸 셋에게 콩 한 알씩을 준 까닭은 무엇인지 쓰세요.

• ( )을/를 준비하라고

서술형

14 막내딸은 콩을 어떻게 하였는지 쓰세요.

_____

_____

15 ㉠을 느낌을 살려 바르게 읽은 것은 어느 것인가요? ( )

① 혼잣말하듯이 나지막한 목소리로
② 고마운 마음을 담아 공손한 목소리로
③ 콩을 귀하게 여기는 마음을 담아 신나는 목소리로
④ 콩을 하찮게 여기는 마음을 담아 귀찮은 듯한 목소리로
⑤ 콩을 처음 보아서 신기한 마음을 담아 깜짝 놀라는 목소리로

1 그림을 보고 말 붙이기를 하여 문장을 자세히 쓰세요.

배가 아팠다.
⇩

왜 아팠지?	(1) (　　　　　　　　　)을/를 먹어서 배가 아팠다.
	⇩
어떻게 아팠지?	(2) (　　　　　　　)을/를 먹어서 (3) (　　　　) 듯이 배가 아팠다.

- 여러 개의 문장으로 표현하기
- 전체 장면을 보고 문장으로 표현합니다.
- 장면을 부분으로 나누어 여러 개의 문장으로 표현합니다.
- 상황을 생생하게 나타내는 낱말을 넣습니다.
- 내용을 표현할 수 있는 낱말을 더 넣어 씁니다.

2 선생님의 말씀을 잘 듣고 싼 가방은 어떤 것인지 찾아 ○표를 해 보세요.

> 내일은 수목원으로 현장 체험학습을 가요. 그곳은 나무와 꽃이 살기 때문에 쓰레기를 버리면 안 돼요. 과자는 봉지째 가지고 오지 말고 통에 담아 오세요. 그리고 돗자리와 물도 가지고 오세요.

> 선생님, 내일 과자 가지고 와도 돼요?

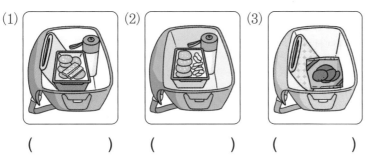

(1) (　　)　(2) (　　)　(3) (　　)

- 바른 자세로 이야기를 함께 듣기
- 말하는 사람을 바라보며 듣습니다.
- 다른 사람의 말을 귀 기울여 듣습니다.

국어

5. 알맞은 목소리로 읽어요

✦ 「슬퍼하는 나무」를 알맞은 목소리로 읽기

새 한 마리가 나무에 둥지를 틀고 고운 알을 소복하게 낳아 놓았습니다.

⇩

설명하듯이 읽습니다.

이 알을 모두 꺼내 가야지.

⇩

말하듯이 읽습니다.

✦ 「몽몽 숲의 박쥐 두 마리」에 나오는 고운 말

고운 말	나쁜 말
친구들아, 정말 반가워.	친구는 무슨 친구! 흥!
나무님, 감사해요.	퉤퉤! 무슨 맛이 이래?

✦ 기분을 나타내는 말

새 장난감이 생겨서 기뻐요.

낱말 풀이

❶ **목소리** 목구멍에서 나는 소리.
❷ **기분** 대상 · 환경 등에 따라 마음에 절로 생기며 한동안 지속되는, 유쾌함이나 불쾌함 따위의 감정.
❸ **솔직한** 거짓이나 숨김이 없이 바르고 곧은.

✪ 알맞은❶ 목소리로 글을 읽어야 하는 까닭 알기

① 알맞은 목소리로 글을 읽으면 듣는 사람이 글의 내용을 잘 이해할 수 있습니다.
└─● 알맞은 크기의 목소리와 빠르기로 읽습니다.
② 듣는 사람이 편안하게 들을 수 있습니다.

✪ 소리 내어 시 읽기

① 장면과 인물의 마음을 떠올리며 시를 읽어 봅니다.
② 부르는 말의 느낌을 살려 시를 읽어 봅니다.

예 **「너도 와」를 소리 내어 읽는 방법**

우리들은 집에 즐거운 일이 있으면 다 부릅니다.	⇨	즐거운 일이 있을 때의 마음을 떠올려 봅니다.
참새야, 너도 와.	⇨	기쁜 마음으로 부르는 말의 느낌을 살려 읽습니다.

✪ 알맞은 목소리로 이야기 읽기

① 일어난 일을 설명할 때와 말하듯이 읽을 때를 구별해서 읽습니다.
② 등장인물에 따라 목소리를 바꾸어 가며 읽습니다.
└─● 상황에 맞게 장난스러운 목소리, 슬퍼하며 원망스러운 목소리 등으로 읽습니다.

✪ 좋아하는 글을 찾아 친구들에게 읽어 주기

① 읽고 싶은 책을 고릅니다.
② 책을 읽습니다.
③ 친구들에게 읽어 주고 싶은 부분을 표시합니다.
④ 어떤 목소리가 어울릴지 생각하며 읽습니다.

시를 읽는 방법	이야기를 읽는 방법
• 시의 분위기에 알맞은 목소리로 읽습니다. • 박자(운율)을 생각하며 읽습니다. • 비슷한 경험이나 재미있는 장면을 떠올리며 느낌을 살려 읽습니다.	• 이야기의 내용을 충분히 이해합니다. • 인물의 마음에 어울리는 목소리의 크기와 말의 빠르기로 읽습니다. • 인물이 처한 상황에 알맞게 느낌을 살려 읽습니다.

6. 고운 말을 해요

🟢 고운 말을 쓰면 좋은 점 알기
① 친구의 마음을 생각하며 말할 수 있습니다.
② 듣는 사람의 기분을 좋게 해 줍니다. •상대를 배려할 수 있습니다.
③ 친구와 사이좋게 지낼 수 있습니다.

🟢 자신의 기분을 말하는 방법 알기
•기뻐요, 부러워요, 슬퍼요, 화나요
① 그런 기분이 드는 까닭을 함께 말합니다. •새 장난감이 생겨서,
내가 세현이의 장난감을 망가뜨려서
② 듣는 사람의 기분을 생각해 말합니다.
③ 자신의 기분과 듣는 사람의 기분을 생각한 뒤에 정리한 생각을 차분하게 말합니다.

🟢 듣는 사람을 생각하며 기분 말하기
① 솔직한 내 기분을 생각해 봅니다.
② 듣는 사람의 기분을 생각해 봅니다.
③ 정리한 생각을 차분하게 말합니다.

🟢 고운 말로 인사하기

안녕, 난 김시원이야.	안녕, 난 이찬호야. 함께 공놀이하자.
인사드리렴. 엄마 친구분이셔.	안녕하세요? 저는 김민아입니다.
네가 준호구나. 자, 편지가 왔단다.	아저씨, 고맙습니다.

---

1 알맞은 목소리로 글을 읽어야 하는 까닭을 보기 에서 골라 쓰세요.

> **보기**
> 오해   이해
> 편안하게   불편하게

(1) 듣는 사람이 글의 내용을 잘 (   )할 수 있습니다.
(2) 듣는 사람이 (   ) 들을 수 있습니다.

2 설명하듯이 읽어야 하는 글의 기호를 쓰세요.

> ㉠ "이 알을 모두 꺼내 가야지."
> ㉡ 새 한 마리가 나무에 둥지를 틀고 고운 알을 소복하게 낳아 놓았습니다.

(   )

3 듣는 사람을 생각하며 기분을 말할 때의 순서대로 번호를 쓰세요.

> ① 솔직한 내 기분과 듣는 사람의 기분을 생각해 봅니다.
> ② 정리한 생각을 차분하게 말합니다.

(   ) → (   )

🟠 정답
1. (1) 이해 (2) 편안하게
2. ㉡ 3. ①, ②

5. 알맞은 목소리로 읽어요

1 다음과 같이 읽으면 좋은 점을 두 가지 고르세요. (　,　)

> • 알맞은 크기의 목소리로 읽는다.
> • 알맞은 빠르기로 읽는다.

① 친구의 생각을 알 수 있다.
② 글의 종류를 잘 알 수 있다.
③ 글의 내용을 상상할 수 있다.
④ 듣는 이가 편안하게 들을 수 있다.
⑤ 듣는 이가 글의 내용을 잘 이해할 수 있다.

2~3

> 우리들은 집에 즐거운 일이 있으면
> 다 부릅니다.
> 얘들아, 우리 집에 와.
>
> 참새를 만나면
> 참새야, 너도 와.
>
> 노랑나비를 만나면
> 노랑나비야, 너도 와.
>
> 「너도 와」, 이준관

2 이 시와 비슷한 경험을 떠올린 친구에 ○표를 하세요.

(1) 내 생일에 친구들을 초대한 경험을 떠올렸어. (　)
(2) 친구의 병문안을 갔던 경험을 떠올렸어. (　)

3 시를 소리 내어 읽는 알맞은 방법이 아닌 것은 무엇인가요? (　)

① 설명하듯이 읽는다.
② 인물의 마음을 떠올린다.
③ 떠오르는 장면을 생각한다.
④ 부르는 말의 느낌을 살려 읽는다.
⑤ 시의 내용을 정확하게 파악하여 읽는다.

4~5

새 한 마리가 나무에 둥지를 틀고 고운 알을 소복하게 낳아 놓았습니다.

 ㉠이 알을 모두 꺼내 가야지.

 지금은 안 됩니다, 착한 도련님. 며칠만 지나면 까 놓을 테니 그때 와서 새끼 새들을 가져가십시오.

 그럼 그러지.

며칠이 지나 새알은 모두 새끼 새가 되었습니다.

 하나, 둘, 셋, 넷, 다섯 마리로구나. 허리춤에 넣어 갈까, 둥지째 떼어 갈까?

 지금은 안 됩니다, 착한 도련님. 며칠만 더 있으면 고운 털이 날 테니 그때 와서 둥지째 가져가십시오.

「슬퍼하는 나무」, 이태준

4 ㉠을 알맞은 목소리로 읽으려면 어떻게 해야 하나요? (　)

① 노래하듯이 읽는다.
② 슬픈 목소리로 읽는다.
③ 겁먹은 목소리로 읽는다.
④ 자세히 설명하듯이 읽는다.
⑤ 장난스러운 목소리로 읽는다.

5 어미 새의 마음은 어떠한가요? (　)

① 아이에게 고마운 마음
② 아이를 만나서 반가운 마음
③ 새끼 새가 태어나 기쁜 마음
④ 새끼 새를 빼앗길까 두려운 마음
⑤ 새끼 새를 빨리 아이에게 보내고 싶은 마음

6~7

며칠이 지나서 와 보니, 새는 한 마리도 없고 둥지만 달린 나무가 바람에 울고 있었습니다.

 내가 가져갈 새끼 새가 모두 어디 갔니?

 누가 아니? 나는 너 때문에 좋은 친구 모두 잃어버렸어. 너 때문에!

6 이 글에서 일어난 일은 무엇인가요?

( )

① 새가 나무를 떠났다.
② 새끼 새를 아이가 가져갔다.
③ 나무와 아이는 친구가 되었다.
④ 새끼 새가 자라서 나무를 지켜 주었다.
⑤ 나무가 아이에게 둥지를 만들어 주었다.

서술형

7 이 글에서 나무가 한 말을 알맞은 목소리로 읽으려면 어떻게 해야 하는지 쓰세요.

_____

_____

6. 고운 말을 해요

8~9

"친구들아, 정말 반가워!"
달콤 박쥐가 기쁘게 반겼어.
하지만 뾰족 박쥐는,
"친구는 무슨 친구! 흥!"
과일나무에 탐스러운 열매가 주렁주렁!
"나무님, 감사해요!"
달콤 박쥐는 공손히 인사하고 동물들을 초대해 오순도순 나눠 먹었어.
가시나무에는 딱딱한 열매가 듬성듬성!
뾰족 박쥐는 오도독 맛을 보더니,
"퉤퉤! 무슨 맛이 이래?"

「몽몽 숲의 박쥐 두 마리」, 이혜옥

잘 틀려요

8 이 글에 나온 고운 말을 찾아 색칠하세요.

㉠	㉡
"친구들아, 정말 반가워!"	"나무님, 감사해요!"
㉢	㉣
"퉤퉤! 무슨 맛이 이래?"	"친구는 무슨 친구! 흥!"

9 뾰족 박쥐의 말을 들은 친구들의 기분은 어떠할지 두 가지 고르세요. (,)

① 속상할 것이다.
② 신경 쓰지 않는다.
③ 기분이 편안해진다.
④ 기분이 좋지 않을 것이다.
⑤ 뾰족 박쥐와 친해지고 싶다.

10~12

① 내 장난감 봐라. 멋지지 않니? / 정말 좋겠다! 나도 가지고 싶다. 내가 잠깐 가지고 놀아도 돼?

세현 / 희동

② 던지고 노는 장난감인가 봐. / 조심해야 하는데…….

③ 새로 산 장난감인데!

10 희동이가 한 잘못은 무엇인지 쓰세요.

( )

11 그림 ①에서 세현이의 기분은 어떠한가요? ( )

① 새 장난감을 갖고 싶어요.
② 새 장난감이 생겨서 기뻐요.
③ 새 장난감이 망가져서 슬퍼요.
④ 새 장난감을 망가뜨려서 미안해요.
⑤ 새 장난감이 생긴 희동이를 보니 부러워요.

<서술형>

12 기분을 말하는 방법에 따라 세현이는 희동이에게 어떻게 말하면 좋을지 쓰세요.

_____

_____

<중요>

13 듣는 사람을 생각하며 알맞게 말한 것은 무엇인가요? ( )

시형아, 우리 나가서 축구하자.

수혁 / 시형

① 다른 친구랑 축구해.
② 나 숙제하는 거 안 보여?
③ 나는 축구보다 숙제를 해야 돼.
④ 미안하지만 너도 숙제를 하는 게 좋겠어.
⑤ 미안하지만 나 지금 숙제해야 돼. 다음에 같이 놀자.

<서술형>

14 다음 상황에서 듣는 사람을 생각하며 어떤 말을 해야 할지 쓰세요.

어머, 미안해!

_____

_____

15 처음 만난 사람에게 알맞은 인사말을 찾아 선으로 이어 보세요.

(1) 엄마 친구분께 · · ㉠ 아저씨, 고맙습니다.

(2) 우편집배원 아저씨가 편지를 전해 주실 때 · · ㉡ 안녕하세요? 저는 김민아입니다.

① 어떤 목소리로 읽어서 마음을 표현해야 하는지 찾아 선으로 이어 보세요.

(1)

이게 도대체 뭐지?

(2)

내가 소가 되었다고?

(3)

하느님, 하느님, 저희를 살리시려거든 굵은 밧줄을 내려 주세요.

ㄱ
놀람.
빠르고 높은 목소리로 큰일이라는 듯이

ㄴ
궁금함.
끝을 올려 읽으며 궁금하다는 듯이

ㄷ
간절함.
떨리는 목소리로 애원하듯이

■ 알맞은 목소리로 이야기 읽기
• 일어난 일을 설명할 때와 말하듯이 읽을 때를 구별해서 읽습니다.
• 등장인물에 따라 목소리를 바꾸어 가며 읽습니다.
• 내용을 표현할 수 있는 낱말을 더 넣어 씁니다.

② 기분이 잘 드러나게 말한 것을 찾아 ◯표를 하세요.

앗, 실수!

(1)
너, 제대로 사과 안 해? 내가 화난 거 안 보여?

(   )

(2)
이거 만드느라 얼마나 고생했는데, 네가 다시 해 놔.

(   )

(3)
내가 열심히 만든 건데 네가 이렇게 해서 너무 속상해.

(   )

■ 자신의 기분을 말하는 방법 알기
• 그런 기분이 드는 까닭을 함께 말합니다.
• 듣는 사람의 기분을 생각해 말합니다.
• 자신의 기분과 듣는 사람의 기분을 생각한 뒤에 정리한 생각을 차분하게 말합니다.

7. 무엇이 중요할까요

누가 무엇을 했는지 생각하며 글 읽기
등장인물
① 이야기에서 **누가** 나오는지 살펴봅니다.
② 이야기의 흐름에서 **누가 무엇을 하고** 있는지 살펴봅니다.
③ 글에서 **일어난 일**을 알아봅니다.
예 「소금을 만드는 맷돌」에서 임금님이 무엇을 했는지 알아보기

생각이나 말	임금님은 백성을 아끼고 사랑했어요.
행동	가난한 사람들에게 쌀과 옷을 나누어 주었지요.

생각이나 말	"나와라, 옷!", "멈춰라, 옷!"
행동	임금님은 맷돌 앞에서 "나와라!", "멈춰라!"를 외쳤어요.

일어난 일을 생각하며 글 읽기
예 집 → 놀이공원
① 글에서 **일이 일어난 장소**가 어떻게 바뀌었는지 찾아봅니다.
② 글에서 일어난 일을 **차례대로** 정리해 봅니다.
예 「신나는 토요일」에서 일어난 일 정리하기

가족과 함께 놀이 공원에 갔다.	⇨	가족과 함께 회전목마를 탔다.	⇨	솜사탕을 먹었다.

내용에 알맞게 제목① 붙이기
① 제목은 글의 내용을 잘 드러내는 말입니다.
② 글의 내용과 어울려야 합니다.
③ 글에서 가장 중요한 생각을 나타내야 합니다.

내용을 확인하며 글 읽기
① 글 전체의 내용을 알아봅니다. ──• 무엇에 대하여 알려 주려는지 대상을 파악합니다.
② 글에서 알리고 싶은 내용이 무엇인지 생각합니다.
③ 중요한 내용을 정리합니다.

❖ 글을 읽고 알맞은 제목과 그렇게 제목을 붙인 까닭 말하기 예

소방관 아저씨께서 학교에 오신 일을 써서 '소방관'으로 골랐어.

❖ 설명하는 글을 읽을 때 생각할 것
• 무엇을 설명하는지 알아야 합니다.
• 설명하는 내용을 알아야 합니다.

❖ 설명하는 글을 읽는 방법
• 밑줄을 그으며 읽습니다.
• 중요한 내용을 생각하며 읽습니다.

낱말 풀이

❶ 제목 작품이나 강연, 보고 등에서, 그것을 대표하거나 내용을 보이기 위하여 붙이는 이름.
❷ 설명 대상에 대해 잘 모르는 사람이 그 대상을 알도록 하는 것.

8. 띄어 읽어요

글을 바르게 띄어 읽는 방법 알기

① 문장을 확인합니다.

② 문장이 끝나는 곳에 ∨를 합니다.

③ ∨를 한 곳에서 잠시 쉬었다가 읽습니다. → 글을 바르게 띄어 읽어야 하는 까닭: 내용을 정확하게 알 수 있습니다. 뜻을 쉽게 이해할 수 있습니다.

④ 문장의 내용을 생각하며 띄어 읽습니다.

예 「개미」를 바르게 띄어 읽기

> 개미들이 줄지어 가는 것을 보았다. ∨어디로 가는 것일까? ∨개미를 따라가 보니 하나의 구멍으로 들어갔다. ∨새집으로 이사를 가나?

글을 바르게 띄어 읽기

① 알맞은 속도로 읽습니다.

② 문장이 끝날 때마다 쉬어 읽습니다.

③ 글의 내용을 이해하며 읽습니다.

글을 읽고 무엇을 설명하는지 알기 → 설명하는 대상을 아는 방법

① 글에서 중요하게 말하고 있는 부분을 찾습니다.

② 글의 제목을 보고 찾습니다.

③ 글의 내용에서 가장 많이 나오는 것을 보고 찾습니다.

예 「지우개」를 읽고 무엇을 설명하는지 알아보기

무엇을 설명하고 있나요?
지우개

쓰임	모양	색깔
연필로 쓴 것을 지울 때 쓴다.	여러 가지 모양이 있다.	여러 가지 색깔이 있다.

무엇을 설명하는지 생각하며 글 읽기

① 글의 제목을 보고 무엇을 설명하는지 알 수 있습니다.

② 설명하는 대상의 특성을 나누어 살펴보면 이해할 수 있습니다.
└→ 쓰임, 모양, 색깔, 사용 방법, 좋은 점 등

글을 실감 나게 읽기 ──→ 글을 실감 나게 읽으면 이야기가 훨씬 재미있고, 읽는 것이 신나고 즐겁습니다. 재미있는 표정을 할 수 있습니다.

① 알맞은 목소리로 읽어야 합니다.

② 장면을 떠올리며 읽어야 합니다.

③ 장면에 어울리는 표정과 몸짓을 하며 읽어야 합니다.

바로바로 체크

1 누가 무엇을 했는지 알기 위해 확인해야 할 것을 색칠하세요.

인물의 모습을 살펴본다.	인물이 한 말을 살펴본다.
나이를 확인한다.	인물의 행동을 살펴본다.

2 다음 중 글에 알맞은 제목을 붙이는 방법으로 알맞은 것의 기호를 쓰세요.

> ㉠ 좋아하는 낱말로 정한다.
> ㉡ 주요 내용이 잘 드러나도록 붙인다.

( )

3 다음 글을 읽고 알 수 있는 것에 ○표를 하세요.

> 지우개는 연필로 쓴 것을 지울 때 씁니다.

(1) 쓰임 ( )

(2) 색깔 ( )

(3) 모양 ( )

 정답

1. ▨ 2. ㉡ 3. (1) ○

7. 무엇이 중요할까요

1~3

"옳아, 저것이 신기한 맷돌이로구나!"

도둑은 모두 잠든 사이 맷돌을 훔쳐 도망을 쳤어요.

도둑은 서둘러 배를 타고 바다를 건너 멀리 도망가다가 외쳤어요.

"나와라, 소금!"

그러자 맷돌에서 하얀 소금이 쏟아져 나왔고, 점점 배 안에 쌓여 갔어요. 소금으로 가득 찬 배는 기우뚱기우뚱하면서 가라앉기 시작했어요.

도둑은 너무 놀라 "멈춰라, 소금!"이라는 말을 잊어버렸어요. 결국, 맷돌은 도둑과 함께 바닷속에 가라앉고 말았어요.

「소금을 만드는 맷돌」, 홍윤희

1 도둑이 맷돌을 훔쳐서 바다를 건너다가 무엇이라고 외쳤나요? ( )

① "나와라, 쌀"
② "나와라, 옷!"
③ "나와라, 소금!"
④ "나와라, 신발!"
⑤ "나와라, 임금!"

2 결국 도둑은 어떻게 되었나요? ( )

① 맷돌을 팔아서 부자가 되었다.
② 소금을 팔아서 부자가 되었다.
③ 임금님에게 맷돌을 돌려주었다.
④ 맷돌과 함께 바다에 가라앉았다.
⑤ 맷돌을 배 위에 남겨 두고 혼자 가라앉았다.

서술형

3 이 글에서 도둑이 한 일은 무엇인지 쓰세요.

_____

_____

4~5

기다리던 토요일 아침이다. 우리 가족은 놀이공원으로 출발했다. 회전목마를 탈 생각을 하니 마음이 설렜다.

사람들이 서 있는 줄이 길어도 회전목마를 탈 생각에 신이 났다. 드디어 회전목마를 탈 차례가 되었다. 어머니와 나는 말 등에 타고, 동생과 아버지는 마차에 탔다. 처음에는 말이 오르락내리락 움직이는 게 조금 무서웠다. 하지만 시간이 지나니 무섭지 않고 재미있었다.

솜사탕을 먹고 있는 친구들이 부러웠다. 내 마음을 아셨는지 어머니께서 솜사탕을 사 주셨다. 공룡 모양의 솜사탕이 달콤했다.

4 언제 일어난 일인지 쓰세요.

( )

5 이 글에서 일어난 일의 순서대로 번호를 쓰세요.

(1) 솜사탕을 먹었다. ( )
(2) 가족과 함께 놀이공원에 갔다. ( )
(3) 가족과 함께 회전목마를 탔다. ( )

6~7

제목	

　오늘 소방관 아저씨께서 학교에 오셨다. 아저씨께서는 불이 나면 크게 다칠 수 있다고 말씀하셨다. 그리고 불이 나면 주변에 큰 소리로 알려야 한다고 하셨다. 앞으로 불조심을 해야겠다.

6 불이 나면 어떻게 해야 한다고 하였나요?

(　)

① 모른 척한다.
② 주변에 큰 소리로 알린다.
③ 있던 곳에 그대로 있는다.
④ 조용히 다른 곳으로 피한다.
⑤ 소방차가 있는 곳으로 간다.

잘 틀려요

7 글의 내용에 알맞은 제목과 그 까닭을 바르게 말하지 못한 친구에게 ○표를 하세요.

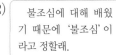

(1)
소방관 아저씨께서 학교에 오신 일을 써서 '소방관'으로 정할래.

(　)

(2)
불조심에 대해 배웠기 때문에 '불조심'이라고 정할래.

(　)

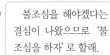

(3)
내가 되고 싶은 사람이 나왔기 때문에 '나의 꿈'이라고 정할래.

(　)

(4)
불조심을 해야겠다는 결심이 나왔으므로 '불조심을 하자'로 할래.

(　)

8. 띄어 읽어요

8 글을 바르게 띄어 읽어야 하는 까닭은 무엇인가요? (　)

① 글을 빨리 읽을 수 있다.
② 친구와 사이가 좋아진다.
③ 글의 재미를 느낄 수 있다.
④ 뜻을 쉽게 이해할 수 있다.
⑤ 글을 소리 내어 읽지 않아도 된다.

9~10

　개미들이 줄 지어 가는 것을 보았다. ㉠ 어디로 가는 것일까? ㉡ 개미를 따라가 보니 하나의 구멍으로 들어갔다. ㉢ 새집으로 이사를 가나? 개미들이 줄 지어 ㉣ 움직이는 모습이 참 신기했다.

9 '나'는 개미를 보고 어떤 생각을 했나요?

(　)

① 개미들은 서로 힘을 모은다.
② 줄 지어 움직이는 모습이 신기했다.
③ 개미의 집은 여러 군데인 것 같다.
④ 개미들이 흩어지는 모습이 신기했다.
⑤ 새집으로 이사를 가는 것이 신기했다.

10 ㉠~㉣ 가운데 띄어 읽어야 할 곳으로 알맞지 <u>않은</u> 것의 기호를 쓰세요.

(　)

국어

11~12

비사치기는 돌멩이를 이용한 놀이입니다. 먼저, 평평하고 잘 세워지는 손바닥만 한 돌멩이를 준비합니다. 두 편으로 나누고 땅바닥에 줄을 긋습니다. 가위바위보를 하여 진 편은 준비한 돌멩이를 줄 위에 세워 놓습니다. 이긴 편은 한 사람씩 나와 자신의 돌을 가지고 상대의 돌을 넘어뜨립니다. 돌은 발등이나 배 위에 올려 옮길 수도 있고, 무릎 사이에 끼워 옮길 수도 있습니다. 세워 놓은 상대의 돌멩이를 다 넘어뜨리면 이깁니다.

11 비사치기는 어떻게 하는 놀이인가요?

( )

① 돌을 맞혀 넘어뜨리는 놀이이다.
② 상대편의 꼬리를 잡는 놀이이다.
③ 가위바위보를 하여 많이 이겨야 한다.
④ 돌멩이를 멀리 던지며 노는 놀이이다.
⑤ 돌멩이를 손으로 가지고 노는 놀이이다.

12 다음 글에서 띄어 읽어야 할 곳을 모두 고르세요. (, ,)

> 두 편으로 나누고 땅바닥에 줄을 긋습니다.(①) 가위바위보를(②) 하여 진 편은 준비한 돌멩이를 줄 위에 세워 놓습니다.(③) 이긴 편은 한 사람씩 나와(④) 자신의 돌을 가지고 상대의 돌을 넘어뜨립니다.(⑤) 세워 놓은 상대의 돌멩이를 다 넘어뜨리면 이깁니다.

13~14

> **지우개**
>
> 여러분은 어떤 지우개를 가지고 있나요? 지우개의 모양과 색깔은 여러 가지입니다.
> 흔히 볼 수 있는 지우개는 상자 모양입니다. 그리고 동물 모양, 과일 모양, 막대 모양도 있습니다.
> 지우개의 색깔도 여러 가지입니다. ㉠흰색, 파란색, 빨간색처럼 한 가지 색으로 된 것도 있지만, 여러 가지 색이 섞인 것도 있습니다.

중요

13 ㉠으로 알 수 있는 것은 무엇인가요?

( )

① 재료   ② 색깔   ③ 쓰임
④ 모양   ⑤ 쓰는 사람

14 이 글을 읽고 설명하는 대상을 어떻게 알 수 있었는지 쓰세요.

_____

_____

15 다음 글을 읽고 무엇을 설명하는지 쓰세요.

> **□□**
>
> 우리는 종이를 자를 때 가위를 사용합니다. 가위에는 손잡이와 날이 있습니다.
> 가위를 사용할 때 잡는 곳이 손잡이입니다. 주로 엄지손가락과 나머지 손가락으로 잡습니다.
> 물건을 자르는 곳은 날입니다. 가위의 날은 매끄러운 것이 많지만 홈이 파인 것도 있습니다.

( )

1 다음 그림을 보고 까마귀가 한 일을 모두 찾아 ○표를 하세요.

(1) 부리가 물에 닿지 않는 물병을 발견하였습니다.

( )

(2) 물병의 물을 다른 까마귀에게 나누어 주었습니다.

( )

(3) 문제가 생겼으니 포기하지 않고 깊이 생각하였습니다.

( )

▪ 누가 무엇을 했는지 생각하며 글 읽기

• 이야기에서 누가 나오는지 살펴봅니다.
• 이야기의 흐름에서 누가 무엇을 하고 있는지 살펴봅니다.
• 글에서 일어난 일을 알아봅니다.

2 다음 글을 읽고 설명하는 것이 무엇인지 쓰세요.

　추석을 대표하는 떡은 송편입니다. 솔잎을 깔고 떡을 찌기 때문에 송편이라고 합니다. 추석 전날이면 온 가족이 모여 앉아 서로 정답게 이야기를 나누며 송편을 빚었습니다. 사람들은 송편을 빚으며 한 해 동안 거두어들인 농작물에 대해 감사하는 마음을 담았습니다.

이 글은 ( )에 대해 설명하고 있다.

▪ 글을 읽고 무엇을 설명하는지 알기

• 글의 제목을 보고 알 수 있습니다.
• 글에서 중요하게 말하고 있는 부분을 찾습니다.
• 글의 내용에서 가장 많이 나오는 것을 보고 찾습니다.
• 설명하는 대상의 특성을 나누어 살펴보면 이해할 수 있습니다.

9. 겪은 일을 글로 써요

❤ **글쓴이가 겪은 일 알기** ┈┈ 일기를 쓰면 좋은 점: 마음이 정리될 수 있고, 좋았던 기억을 되살
릴 수 있으며, 억울한 마음을 털어놓을 수도 있습니다.

① 하루 동안 날씨가 어떻게 변했는지 생각해 봅니다.

② 하루 동안 있었던 일을 생각해 봅니다.

③ 겪은 일 가운데에서 하나를 골라 글을 쓴다면 어떤 일을 고를지
생각해 봅니다. ┈┈ 가장 인상 깊거나
기억에 남는 일

④ 그 일을 고른 까닭을 생각해 봅니다.

❤ **겪은 일이 잘 드러나게 말하기**

① 언제 어디에서 누구와 어떤 일이 있었는지 자세히 말합니다.

② 주고받은 대화도 말합니다.

③ 더 말하고 싶은 내용을 생각해 말합니다.
┈┈ 생각이나 느낌 등

❤ **겪은 일에 대한 생각이나 느낌 말하기**

① 생각이나 느낌을 나타내는 여러 가지 표현: 기쁘다, 신나다, 무
섭다, 아쉽다, 귀찮다. 멋지다, 짜증나다, 부끄럽다, 즐겁다, 놀
라다, 불쌍하다, 좋아하다, 해 보고 싶다 등

② 겪은 일에 알맞은 생각이나 느낌을 말해야 합니다.

❤ **겪은 일이 잘 드러나게 글 쓰기**

① 겪은 일이 언제 어디에서 있었던 일인지, 생각이나 느낌은 무엇
인지, 대화 내용은 무엇인지 정리합니다.

② 한 일을 시간 순서에 맞게 정리합니다.

③ 글에 어울리는 제목을 정합니다.
┈┈ 겪은 일 가운데 가장 중요한 점이나 가장 하고 싶은 말을 생각합니다. 겪은 일에서
가장 중요한 사람이나 물건을 제목으로 할 수도 있습니다.

❤ **가장 쓰고 싶은 일을 일기로 쓰기** ❶

① 하루 동안 있었던 일 가운데 한 가지 일을 정해 쓸 내용을 떠올
립니다.

② 일기에 어울리는 제목을 붙입니다.

③ 겪은 일이 잘 드러나게 씁니다.

④ 그때 어떤 생각이나 느낌이 들었는지 솔직하게 씁니다.

❖ **지호가 겪은 일 정리하기**

언제	체육 활동 시간
어디	운동장
친구들이 한 말	힘내! 다음 기회가 있잖아.
생각이나 느낌	실망스러웠다가 기분이 좋아졌다.

❖ **지호가 겪은 일 순서대로 정리하기**

1	운동장에서 이어달리기를 했다.
2	지호네 모둠이 꼴찌를 했다.
3	지호는 실망스러워 아무 말도 하지 못했다.
4	친구들이 위로해 주어서 기분이 좋아졌다.

❖ **장면에 어울리게 인물의 말 따라 하기**

인물의 말	어울리는 목소리
안녕, 놀이터에 가서 같이 놀자.	기분이 좋고 밝은 목소리
그래, 좋아.	함께하겠다는 뜻으로 밝고 또렷한 목소리
이건 우리들이 널 위해 준비한 달과 별들이야.	친구의 마음을 기쁘게 해 준 것 같아 뿌듯하고 들뜬 목소리

✏ **낱말풀이**

❶ **일기** 그날그날 겪은 일이나 생각, 느낌 등을 적은 글.

❷ **인물** 이야기에서 이야기를 이끌어 가는 주체. 동물, 물건, 식물 등이 될 수도 있음.

10. 인물의 말과 행동을 상상해요

🖉 인물의 모습과 행동을 상상하며 이야기 듣기
① 인물의 모습이나 행동이 나타난 부분을 떠올려 봅니다.
② 이야기에서 인물의 모습과 행동을 나타낸 부분을 종합해 상상해 봅니다.
예 「별을 삼킨 괴물」에서 괴물의 모습을 나타난 표현

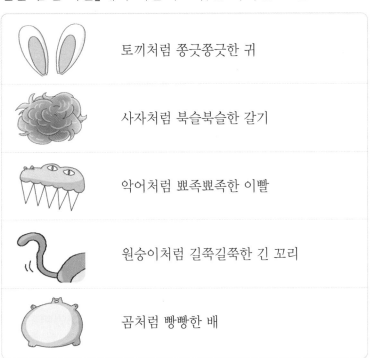

	토끼처럼 쫑긋쫑긋한 귀
	사자처럼 북슬북슬한 갈기
	악어처럼 뾰족뾰족한 이빨
	원숭이처럼 길쭉길쭉한 긴 꼬리
	곰처럼 빵빵한 배

🖉 이야기를 읽고 인물의 모습과 행동 상상하기
① 이야기를 읽으면서 인물의 모습이나 행동이 나타난 부분에 밑줄을 긋습니다.
② 인물이 처한 상황과 모습, 행동을 상상합니다.
③ 이야기에 드러나 있지 않은 부분은 자신의 상상을 더해 표현합니다.

🖉 이야기 속 인물의 말과 행동 따라 하기
① 각 장면에서 인물의 말에 어울리게 어떤 목소리로 말을 해야 할지 생각해 봅니다.
↳ 예 기분이 좋고 밝은 목소리, 뿌듯하고 들뜬 목소리
② 장면에 어울리는 목소리로 인물의 말을 실감 나게 따라 해 봅니다.
③ 각 장면에서 인물의 행동을 어떻게 따라 하면 좋을지 생각해 봅니다.
④ 장면에 어울리는 몸짓으로 인물의 행동을 따라 해 봅니다.
↳ • 글의 내용을 파악하여 인물의 마음이나 기분을 파악해야 합니다.

1 겪은 일이 잘 드러나게 말하는 방법으로 알맞은 것에 ○표를 하세요.
(1) 주고받은 대화는 말하지 않습니다. ( )
(2) 언제 어디에서 누구와 어떤 일이 있었는지 자세히 말합니다. ( )
(3) 언제 어디에서 누구와 어떤 일이 있었는지 간단하게 줄여서 말합니다.
( )

2 인물의 모습을 표현하는 방법으로 알맞은 낱말을 빈칸에 쓰세요.
(1) 인물이 처한 상황과 행동, ( )을/를 상상합니다.
(2) 이야기에 드러나 있지 않은 부분은 자신의 ( )을/를 더해 표현합니다.

3 다음 인물의 모습을 따라하는 알맞은 행동을 찾아 ○표를 하세요.

> 기지개를 켜는 뽀로로

(1) 화가 난 듯이 인상을 쓰는 행동 ( )
(2) 자리에서 일어나 몸을 쭉 펴는 행동 ( )

9. 겪은 일을 글로 써요

1~2

10월 16일 월요일	날씨: 흐림

제목: 내 친구 단풍

물고기를 샀다. 물고기에 '단풍' 이라는 이름을 지어 주었다. 물고기가 단풍처럼 빨갛기 때문이다. 이제부터 날마다 단풍이에게 먹이도 주고, 단풍이와 이야기도 하면서 사이좋게 지낼 것이다.

1 이 일기는 하루 중 어떤 일을 골라서 썼나요? (　　)

① 산에 오른 일
② 물고기를 산 일
③ 친구와 모래 쌓기를 한 일
④ 음악 시간에 노래를 부른 일
⑤ 미술 시간에 물고기를 그린 일

2 글쓴이가 다짐한 것을 두 가지 고르세요.

(　　, 　　)

① 단풍이와 사이좋게 지내겠다.
② 단풍이에게 먹이를 줄 것이다.
③ 앞으로는 물고기를 사지 않겠다.
④ 친구들에게 단풍이를 자랑해야겠다.
⑤ 물고기에게 더 많은 관심을 기울이겠다.

3~5

여자아이 1: 지난가을, 추석이 되기 얼마 전 사과가 빨갛게 익어 갈 때쯤 우리 학교 운동장에서 가을 운동회가 열렸습니다.
남자아이: 어떤 경기를 했습니까?
여자아이 1: 훌라후프 오래 돌리기, 청백 이어달리기, 줄다리기를 했습니다.
여자아이 2: 어떤 경기가 가장 인상적이었나요?
여자아이 1: 학생과 부모님이 다 함께 모둠을 이루어 협동해서 줄을 당겼던 줄다리기가 무척 신이 났습니다.

3 이 글은 무엇에 대해 이야기를 나누고 있나요? (　　)

① 운동회
② 입학식
③ 공개 수업
④ 재능 발표회
⑤ 현장 체험 학습

4 줄다리기가 가장 인상적이었던 까닭은 무엇인가요? (　　)

① 직접 참가한 경기여서
② 가장 마지막에 한 경기여서
③ 우리 반이 일등한 경기여서
④ 학부모님이 가장 많이 참여한 경기여서
⑤ 학생과 부모님이 다 함께 협동해서 줄을 당겨서

중요

5 겪은 일이 잘 드러나게 말하는 방법을 모두 고르세요. (　　, 　　, 　　)

① 상상한 일과 비교하여 말한다.
② 생각이나 느낌을 자세히 말한다.
③ 언제 일어난 일인지 자세히 말한다.
④ 대화는 말하지 않고 상상하게 한다.
⑤ 어디에서 누구와 있었던 일인지 자세히 말한다.

6~7

나는 체육 시간에 친구들과 운동장에서 달리기를 했다. 모둠을 나누어 이어달리기를 했다. 우리 모둠은 4등으로 꼴찌를 했다. 나는 힘들게 달렸는데도 꼴찌를 한 것이 실망스러워 아무 말도 하지 않고 있었다. 그런데 친구들이 "힘내! 다음 기회가 있잖아."라고 말해 주어서 다시 기분이 좋아졌다.

6 이 글에서 일이 일어난 순서대로 번호를 쓰세요.

(1) 지호네 모둠이 꼴찌를 했다. (　　　)

(2) 운동장에서 이어달리기를 했다.
(　　　)

(3) 친구들이 위로해 주어서 기분이 좋아졌다.
(　　　)

(4) 지호는 실망스러워 아무 말도 하지 않았다.
(　　　)

서술형

7 이 글의 글쓴이가 겪은 일에 알맞은 제목을 붙여 쓰세요.

_____

_____

8~9

날짜	20○○년 11월 22일	요일	화요일
날씨	해가 반짝		

㉠아빠와 함께 서점에 갔다. ㉡여러 가지 책이 많아서 참 신기했다. ㉢내가 읽고 싶었던 책을 찾아서 반가웠다. ㉣앞으로 서점에 더 자주 가고 싶다.

8 글쓴이가 겪은 일은 무엇인가요? (　　　)

① 책을 읽었다.
② 서점에 갔다.
③ 자전거를 탔다.
④ 독서 감상문을 썼다.
⑤ 아빠와 공부를 했다.

9 ㉠~㉣ 가운데에서 생각이나 느낌을 쓴 부분의 기호를 모두 쓰세요.

(　　　,　　　)

10. 인물의 말과 행동을 상상해요

10 만화 영화를 보고 재미있는 장면을 바르게 말한 것의 번호를 쓰세요.

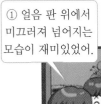

① 얼음 판 위에서 미끄러져 넘어지는 모습이 재미있었어.

② 다음에는 동물들이 주인공인 만화 영화를 더 찾아보아야겠어.

(　　　)

11~12

"괴물아, 별들을 내놔!"
아이들이 외쳤어요.
"안 돼! 나는 너무 못생겨서 아무도 좋아하지
않아. 별을 먹고 반짝반짝 멋있어져서 친구들
과 뛰어놀고 싶단 말이야."
괴물이 떼를 쓰며 말했어요.
"아니야, 아니야, 너는 쫑긋쫑긋 작은 소리도
들을 수 있는 귀, 북슬북슬 멋지고 부드러운
갈기, 뾰족뾰족 무엇이든 자를 수 있는 이빨,
길쭉길쭉 어디든 매달릴 수 있는 꼬리까지 이
미 많은 것을 가진 멋진 괴물이야."
노랑이가 괴물을 칭찬해 주었어요.
"그럼 나랑 놀아 줄 거야?"
괴물이 대답했어요.
"응, 그런데 별을 너무 많이 먹어서 배가 곰처
럼 빵빵하구나. 같이 뛰어놀기 힘들겠는걸?"
주홍이가 꾀를 써서 말했어요.
괴물은 친구들과 놀고 싶어서 얼른 대답했어요.
"별을 모두 뱉어 내면 돼. 자, 봐 봐."

「별을 삼킨 괴물」, 민트래빗 플래닝

11 괴물이 별을 먹은 까닭은 무엇인가요?

( )

① 배가 고파서
② 먹을 것이 없어서
③ 깜깜하게 만들려고
④ 반짝반짝 멋있어지려고
⑤ 아이들을 놀라게 해 주려고

잘 틀려요

12 이 글에서 괴물의 모습을 나타낸 낱말이 아닌
것은 어느 것인가요? ( )

① 빵빵
② 북슬북슬
③ 길쭉길쭉
④ 뾰족뾰족
⑤ 성큼성큼

13~15

숲속 재봉사는 밤이나 낮이나 쉬지 않고 옷을
만들었어요.
이 하늘 저 하늘 새들이 날아와 멋진 옷을 부
탁했어요.
춤출 때 입을 거예요.
깊은 물 얕은 물 물고기들이 헤엄쳐 와 어여쁜
옷을 졸랐어요.
오징어는 무지개 양말에 구두 신고 다리를 뽐
낼 거예요.
넓은 들판에 사는 크고 큰 동물들과 작고 작은
곤충들도 마음먹은 옷을 이야기했어요.
사자는 바람 불면 털이 눈을 가려서 모자가 필
요해요.
높은 산 낮은 산 동물들도 필요한 옷을 부탁했
어요.
토끼는 팔랑거리는 치마 입고 깡충깡충 뛸 거
예요.

「숲속 재봉사」, 최향랑

13 사자가 필요한 옷은 무엇인가요? ( )

① 모자
② 치마
③ 스타킹
④ 커다란 외투
⑤ 춤 출 때 입는 옷

14 다음은 누구의 모습을 상상하여 표현한 것
인지 쓰세요.

무지개 양말에 구두 신고 다리를 뽐내며
춤을 춘다.

( )

서술형

15 이 글에 나오는 재봉사의 몸짓을 어떻게 표
현하면 좋을지 쓰세요.

_____

_____

1 다음 그림을 보고 겪은 일이 잘 드러나게 말하는 방법으로 알맞은 것을 <u>모두</u> 찾아 ○표를 하세요.

> 언제 있었던 일인지 말해요.
>
> 누구와 있었던 일인지 말해요.
>
> 어떤 일이 있었는지 말해요.
>
> 자신이 말하고 싶은 내용만 말해요.
>
> 정확하게 몇 시에 있었던 일인지 말해요.

2 겪은 일이 잘 드러나게 말한 친구는 누구인지 쓰세요.

> 하나: 어제 선생님이 칭찬해 주셨어.
> 두찌: 선생님이 미술 시간에 그림을 잘 그렸다고 칭찬해 주셨어.

(   )

3 인물의 행동을 바르게 나타낸 것에 ○표를 하세요.

> 횡단보도 앞에서 멈추어 선 모습

■ 겪은 일이 잘 드러나게 말하기
• 언제 어디에서 누구와 어떤 일이 있었는지 자세히 말합니다.
• 주고받은 대화도 말합니다.
• 더 말하고 싶은 내용을 생각해 말합니다.

국어

■ 이야기 속 인물의 말과 행동 따라 하기
• 각 장면에서 인물의 말에 어울리게 어떤 목소리로 말을 해야 할지 생각해 봅니다.
• 장면에 어울리는 목소리로 인물의 말을 실감 나게 따라 해 봅니다.
• 각 장면에서 인물의 행동을 어떻게 따라 하면 좋을지 생각해 봅니다.
• 장면에 어울리는 몸짓으로 인물의 행동을 따라 해 봅니다.
• 설명하는 대상의 특성을 나누어 살펴보면 이해할 수 있습니다.

출제 예상 문제 분석 수학

단원명	주요 출제 내용	출제 빈도	공부한 날
1. 100까지의 수	• 몇십 알아보기 • 99까지의 수 알아보기 • 수의 순서 알아보기 • 어느 수가 더 큰지 알아보기 • 짝수와 홀수 알아보기	★★★★ ★★★★★ ★★★★ ★★★★★ ★★★★	월 일
2. 덧셈과 뺄셈(1)	• 덧셈을 해 보기 • 그림을 보고 덧셈을 해 보기 • 뺄셈을 해 보기 • 그림을 보고 뺄셈을 해 보기	★★★★★ ★★★★ ★★★★★ ★★★★	월 일
3. 여러 가지 모양	• 여러 가지 모양을 찾아 보기 • 여러 가지 모양을 알아보기 • 여러 가지 모양을 꾸며 보기	★★★★★ ★★★★ ★★★	월 일

단원명	주요 출제 내용	출제 빈도	공부한 날
4. 덧셈과 뺄셈(2)	• 세 수의 덧셈을 알아보기 • 세 수의 뺄셈을 알아보기 • 두 수를 더해 보기 • 10이 되는 더하기를 해 보기 • 10에서 빼 보기 • 10을 만들어 더해 보기	★★★★ ★★★★ ★★★ ★★★★★ ★★★★★ ★★★★★	월　일
5. 시계 보기와 규칙 찾기	• 몇 시, 몇 시 30분 알아보기 • 규칙을 찾아 말하고, 여러 가지 방법 　으로 나타내어 보기 • 규칙을 만들어 무늬를 꾸며 보기 • 수 배열에서 규칙을 찾아 보기	★★★★★★ ★★★★ ★★★ ★★★★★	월　일
6. 덧셈과 뺄셈(3)	• 10을 이용하여 모으기와 가르기를 　해 보기 • 덧셈을 해 보기 • 뺄셈을 해 보기	★★★★ ★★★★★ ★★★★★	월　일

1. 100까지의 수

몇십을 알아볼까요

• 10개씩 묶음 6개를 60이라고 합니다.

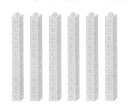

60

육십 예순

└• 두 가지로 읽을 수 있습니다.

• 10개씩 묶음 7개를 70이라고 합니다.

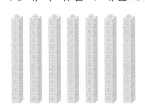

70

칠십 일흔

99까지의 수를 알아볼까요

• 10개씩 묶음 7개와 낱개 4개를 74라고 합니다.

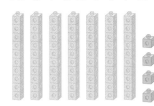

74

칠십사 일흔넷

• 99까지의 수 알아보기

10개씩 묶음	낱개
6	3

➡ 63

읽기 육십삼, 예순셋

10개씩 묶음	낱개
6	4

➡ 64

읽기 육십사, 예순넷

❖ 몇십 읽기

쓰기	읽기	
60	육십	예순
70	칠십	일흔
80	팔십	여든
90	구십	아흔

❖ 수 읽기

56
오십육
쉰여섯

❖ 1만큼 더 작은 수와 1만큼 더 큰 수

☆보다 1만큼 더 작은 수
↓
☆의 바로 앞의 수

☆보다 1만큼 더 큰 수
↓
☆의 바로 뒤의 수

❖ 두 수의 크기 비교하기

65는 72보다 작습니다.
↓
65 < 72

72는 65보다 큽니다.
↓
72 > 65

🍎 수의 순서를 알아볼까요 → 수를 순서대로 세면 1씩 커집니다.

51	52	53	54	55	56	57	58	59	60
61	62	63	64	65	66	67	68	69	70
71	72	73	74	75	76	77	78	79	80
81	82	83	84	85	86	87	88	89	90
91	92	93	94	95	96	97	98	99	100

57보다 1만큼 더 큰 수는 58입니다.

• 66보다 1만큼 더 작은 수는 65, 66보다 1만큼 더 큰 수는 67입니다.

99보다 1만큼 더 큰 수

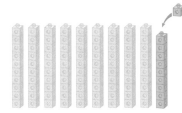

• 99보다 1만큼 더 큰 수를 **100**이라고 합니다.
• 100은 **백**이라고 읽습니다.

🍎 어느 수가 더 클까요

• 10개씩 묶음의 수가 다를 때에는 **10개씩 묶음의 수가 큰 수**가 더 큰 수입니다.

(예)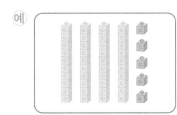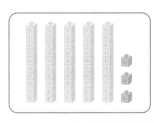

>, <는 더 큰 수 쪽으로 벌어집니다.

45 ⓒ< 53

• 10개씩 묶음의 수가 같을 때에는 **낱개의 수가 큰 수**가 더 큰 수입니다.

(예)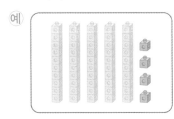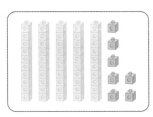

54 ⓒ< 57

🍎 짝수와 홀수를 알아볼까요

• 2, 4, 6, 8, 10과 같이 둘씩 짝을 지을 수 있는 수를 **짝수**라고 합니다.
• 1, 3, 5, 7, 9와 같이 둘씩 짝을 지을 수 없는 수를 **홀수**라고 합니다.

 바로바로 체크

1 □ 안에 알맞은 수를 써넣으세요.

10개씩 묶음 8개를 □ (이)라고 합니다.

2 □ 안에 알맞은 수를 써넣으세요.

10개씩 묶음 5개와 낱개 4개를 □ (이)라고 합니다.

3 빈칸에 알맞은 수를 써넣으세요.

63	64	

	67

4 ○ 안에 >, <를 알맞게 써넣으세요.

(1) 57 ○ 72

(2) 86 ○ 81

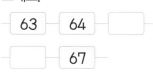 정답

1. 80   2. 54   3. 65, 66
4. (1) <   (2) >

1 그림을 보고 □ 안에 알맞은 수를 써넣으세요.

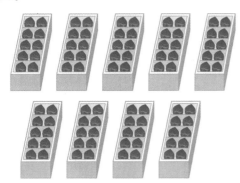

초콜릿은 10개씩 묶음 9개이므로 □ 개입니다.

2 알맞게 이어 보세요.

(1) 10개씩 묶음 6개 •　　　• ㉠ 일흔

(2) 10개씩 묶음 8개 •　　　• ㉡ 팔십

(3) 10개씩 묶음 7개 •　　　• ㉢ 예순

3 수를 바르게 읽은 것에 ○표 하세요.

73

(일흔셋 , 칠십셋 , 아흔셋)

4 다음 중 수를 잘못 읽은 것을 모두 고르세요. (　　,　　)

① 58 – 쉰여덟
② 76 – 칠십육
③ 83 – 예순셋
④ 96 – 일흔여섯
⑤ 63 – 육십삼

5 밤은 모두 몇 개일까요?

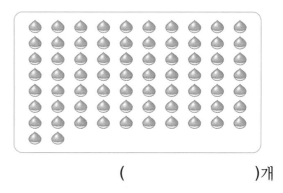

(　　　　　　)개

6 다음 중 나타내는 수가 다른 하나를 찾아 기호를 써 보세요.

㉠ 칠십구
㉡ 여든아홉
㉢ 10개씩 묶음 7개와 낱개 9개

(　　　　　　)

7 다음에서 나타내는 수를 써 보세요.

• 10개씩 묶음 9개와 낱개 4개입니다.
• 아흔넷이라고 읽습니다.

(　　　　　　)

8 다음을 수로 써 보세요.

10개씩 묶음	낱개
8	5

(   )

서술형

9 지윤이가 한 쪽에 10문제씩 있는 수학 문제를 다음과 같이 풀었을 때, 오늘까지 푼 수학 문제는 모두 몇 문제인지 풀이 과정을 쓰고 답을 구하세요.

어제까지 푼 문제	오늘 푼 문제
10문제씩 7쪽	8문제

_____

_____

(   )문제

10 빈칸에 알맞은 수를 써넣으세요.

I만큼 더 작은 수   I만큼 더 큰 수

	69	

11 수를 순서대로 쓸 때, ㉠, ㉡에 알맞은 수를 구하세요.

66 67 ㉠ 70 71 ㉡

㉠ (   )
㉡ (   )

중요

12 재영이는 줄넘기를 아흔아홉 번 넘었고, 누나는 재영이보다 I번 더 넘었습니다. 누나가 넘은 줄넘기는 몇 번일까요?

(   )번

13 그림을 보고 두 수의 크기를 비교하여 ◯ 안에 >, <를 알맞게 써넣으세요.

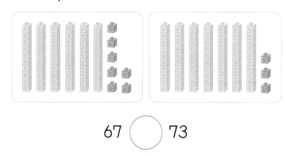

67 ◯ 73

14 두 수의 크기를 비교하여 ○ 안에 >, <를 알맞게 써넣으세요.

(1) 56 ◯ 71

(2) 95 ◯ 91

15 더 큰 수에 ◯표 하세요.

| 93 59 |

16 우표를 서진이는 87장, 예준이는 78장 모았습니다. 우표를 더 많이 모은 사람은 누구일까요?

( )

17 가장 작은 수를 찾아 써 보세요.

| 68 73 63 |

( )

18 큰 수부터 차례대로 기호를 쓰려고 합니다. 풀이 과정을 쓰고 답을 구하세요.

| ㉠ 여든일곱 ㉡ 79 ㉢ 일흔하나 |

_____

_____

_____

_____

_____

(, ,)

19 수를 쓰고 짝수인지 홀수인지 ◯표 하세요.

토마토 ☐ 개 (짝수 , 홀수)

20 짝수를 모두 찾아 써 보세요.

| 11 24 8 19 65 |

(,)

1 재은이 할머니 생신입니다. 케이크에 꽂힌 초를 보고 할머니의 연세를 구하세요.

🕯 : 10살   🕯 : 1살

(   )세

> 10살을 나타내는 초가 몇 개이고, 1살을 나타내는 초가 몇 개인지 알아보아요.

2 승연이가 만든 수 배열표에 동생이 실수로 잉크를 엎질러 숫자가 보이지 않습니다. 잉크를 엎지른 부분에 알맞은 수를 써넣으세요.

51	52					57	58	59	60
61	62					67	68	69	70
71	72							79	80
81	82	83	84					89	90
91	92	93	94					99	100

> 51부터 순서대로 수를 써넣어요.

3 연주는 짝수가 쓰여진 모자를 쓰고, 홀수가 쓰여진 옷을 입고 학교에 가려고 합니다. 연주가 쓸 모자와 옷의 기호를 써 보세요.

모자 (   ), 옷 (   )

> 둘씩 짝을 지을 수 있는 수를 짝수, 둘씩 짝을 지을 수 없는 수를 홀수라고 해요.

2. 덧셈과 뺄셈(1)

❖ 34+13의 계산

```
  3 4
+ 1 3
─────
  4 7
```

낱개의 수는 낱개의 수끼리, 10개씩 묶음의 수는 10개씩 묶음의 수끼리 더합니다.

❖ 24+35를 여러 가지 방법으로 덧셈하기

• 20과 30을 더하고 4와 5를 더했습니다.
• 24에 5를 더해서 29를 구하고, 그 수에 30을 더해서 59를 구했습니다.
• 24에 30을 더해서 54를 구하고, 그 수에 5를 더해서 59를 구했습니다.

❖ 56−24의 계산

```
  5 6
− 2 4
─────
  3 2
```

낱개의 수는 낱개의 수끼리, 10개씩 묶음의 수는 10개씩 묶음의 수끼리 뺍니다.

❖ 37−13을 여러 가지 방법으로 뺄셈하기

• 30에서 10을 빼고 7에서 3을 뺐습니다.
• 37에서 3을 빼서 34를 구하고, 그 수에서 10을 빼서 24를 구했습니다.
• 37에서 10을 빼서 27을 구하고, 그 수에서 3을 빼서 24를 구했습니다.

🍃 덧셈을 해 볼까요: (몇십몇)+(몇)

• 22+6의 계산

$$22+6=28$$

```
  2 2         2 2         2 2
+   6    ➡   +   6   ➡   +   6
             ───         ───
               8           2 8
```
↳ 낱개끼리 더합니다.

🍃 덧셈을 해 볼까요: (몇십)+(몇십)

• 20+40의 계산

```
  2 0         2 0         2 0
+ 4 0    ➡   + 4 0   ➡   + 4 0
             ───         ───
               0           6 0
```

🍃 덧셈을 해 볼까요: (몇십몇)+(몇십몇)

• 22+14의 계산

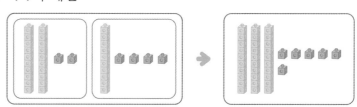

$$22+14=36$$

```
  2 2         2 2         2 2
+ 1 4    ➡   + 1 4   ➡   + 1 4
             ───         ───
               6           3 6
```
↳ 낱개끼리 더합니다. ↳ 10개씩 묶음끼리 더합니다.

🍃 그림을 보고 덧셈을 해 볼까요

• 사과와 딸기는 모두 몇 개일까요?

  식) 23+32=55   답) 55개

• 딸기와 토마토는 모두 몇 개일까요?

  식) 32+15=47   답) 47개

🖉 뺄셈을 해 볼까요: (몇십몇)−(몇)

• 37−3의 계산

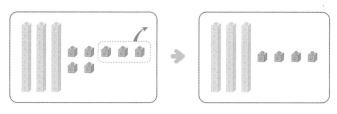

$$37-3=34$$

$$
\begin{array}{r}
3\ 7 \\
-\ \ \ 3 \\
\end{array}
\ \Rightarrow\
\begin{array}{r}
3|7 \\
-\ |3 \\
\hline
\ |4 \\
\end{array}
\ \Rightarrow\
\begin{array}{r}
3|7 \\
-\ |3 \\
\hline
3|4 \\
\end{array}
$$

└• 낱개끼리
　뺍니다.

🖉 뺄셈을 해 볼까요: (몇십)−(몇십)

• 50−30의 계산

$$
\begin{array}{r}
5\ 0 \\
-3\ 0 \\
\end{array}
\ \Rightarrow\
\begin{array}{r}
5|0 \\
-3|0 \\
\hline
\ |0 \\
\end{array}
\ \Rightarrow\
\begin{array}{r}
\ |5|0 \\
-3|0 \\
\hline
2|0 \\
\end{array}
$$

🖉 뺄셈을 해 볼까요: (몇십몇)−(몇십몇)

• 37−22의 계산

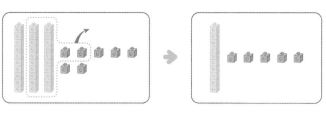

$$37-22=15$$

$$
\begin{array}{r}
3\ 7 \\
-2\ 2 \\
\end{array}
\ \Rightarrow\
\begin{array}{r}
3|7 \\
-2|2 \\
\hline
\ |5 \\
\end{array}
\ \Rightarrow\
\begin{array}{r}
3|7 \\
-2|2 \\
\hline
1|5 \\
\end{array}
$$

└• 낱개끼리　　└• 10개씩 묶음끼리
　뺍니다.　　　　뺍니다.

🖉 그림을 보고 뺄셈을 해 볼까요

• 우유는 빵보다 몇 개가 더 많을까요?

식 26−13=13　　　답 13개

1 그림을 보고 ☐ 안에 알맞은 수를 써넣으세요.

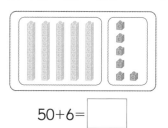

50+6= ☐

2 덧셈을 해 보세요.
(1)
$$
\begin{array}{r}
4\ 0 \\
+3\ 0 \\
\hline
\end{array}
$$
(2)
$$
\begin{array}{r}
6\ 5 \\
+1\ 3 \\
\hline
\end{array}
$$

3 그림을 보고 ☐ 안에 알맞은 수를 써넣으세요.

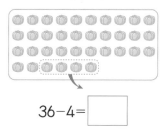

36−4= ☐

4 뺄셈을 해 보세요.
(1)
$$
\begin{array}{r}
8\ 0 \\
-3\ 0 \\
\hline
\end{array}
$$
(2)
$$
\begin{array}{r}
7\ 6 \\
-3\ 2 \\
\hline
\end{array}
$$

◆ 정답 ◆
1. 56　2. (1) 70　(2) 78
3. 32　4. (1) 50　(2) 44

수
학

1 그림을 보고 ☐ 안에 알맞은 수를 써넣으세요.

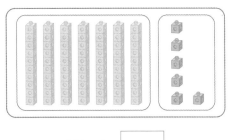

$$70+6=\boxed{}$$

2 ☐ 안에 알맞은 수를 써넣으세요.

(1)
$$\begin{array}{r} 3\,0 \\ +\ \ 9 \\ \hline \end{array}$$

(2)
$$\begin{array}{r} 7\,2 \\ +\ \ 6 \\ \hline \end{array}$$

3 빈칸에 알맞은 수를 써넣으세요.

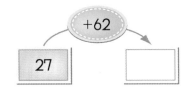

4 초콜릿 20개와 사탕 40개가 있습니다. 초콜릿과 사탕은 모두 몇 개일까요?

(   )개

5 두 수의 합을 구하세요.

23	35

(   )

6 가장 큰 수와 가장 작은 수의 합을 구하세요.

36	12	47	73

(   )

7 계산 결과가 큰 순서대로 기호를 써 보세요.

㉠ 62+7	㉡ 31+40	㉢ 27+41

(,   ,   )

8 준영이는 과수원에서 사과 25개와 배 13개를 땄습니다. 준영이가 딴 사과와 배는 모두 몇 개일까요?

(   )개

9 ^{서술형} ㉠, ㉡에 들어갈 수는 각각 얼마인지 풀이 과정을 쓰고 답을 구하세요.

```
  ㉠ 6
+ 3 ㉡
─────
  7 9
```

㉠ (   )

㉡ (   )

10 그림을 보고 □ 안에 알맞은 수를 써넣으세요.

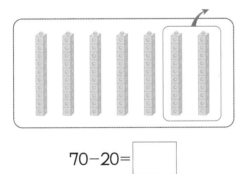

70-20= □

11 빈칸에 알맞은 수를 써넣으세요.

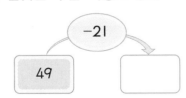

12 두 수의 차를 구하세요.

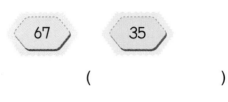

(   )

13 다음 수 카드 중에서 2장을 골라 차가 30 이 되도록 뺄셈식을 써 보세요.

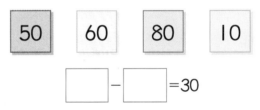

□ - □ =30

14 차가 같은 것끼리 이어 보세요.

(1) 86-52 •   • ㉠ 59-23

(2) 78-25 •   • ㉡ 95-42

(3) 68-32 •   • ㉢ 54-20

수학 **49**

15 빈칸에 알맞은 수를 써넣으세요.

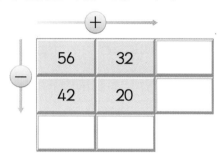

	+ →	
56	32	
− ↓ 42	20	

16 차를 비교하여 ○ 안에 >, <를 알맞게 써 넣으세요.

84−42	○	56−13

17 사과가 25개 있었습니다. 그중에서 4개를 먹었습니다. 남은 사과는 몇 개일까요?

( )개

18 계산 결과가 큰 것부터 차례대로 기호를 써 보세요.

> ㉠ 35+4 ㉡ 75−44
> ㉢ 23+15 ㉣ 67−40

(, , ,)

19 냉장고에 달걀이 37개 있었습니다. 그중에서 12개를 빵을 만드는 데 사용하였습니다. 남은 달걀은 몇 개일까요?

( )개

서술형

20 수 카드 3 , 4 , 5 , 6 을 한 번씩 사용하여 다음과 같은 뺄셈식을 만들려고 합니다. 차가 가장 큰 뺄셈식의 차는 얼마인지 풀이 과정을 쓰고 답을 구하세요.

☐☐ − ☐☐

_____

_____

_____

_____

( )

1 2마리씩 짝을 지어 번호의 합이 47이 되도록 우리를 나누어 보세요.

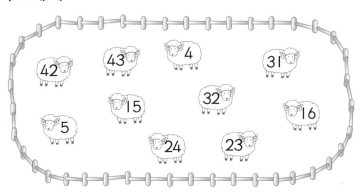

> 합이 47이 되는 두 수를 찾아 보아요.

2 2마리씩 짝을 지어 번호의 차가 23이 되도록 우리를 나누어 보세요.

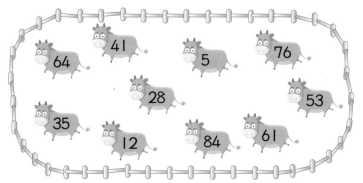

> 차가 23이 되는 두 수를 찾아 보아요.

3 같은 모양에 있는 수의 차를 구하세요.

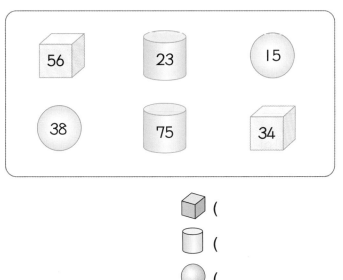

> 같은 모양을 먼저 찾아 보아요.

⬜ (   )

🛢 (   )

⚪ (   )

3. 여러 가지 모양

✿ 같은 모양끼리 모으기

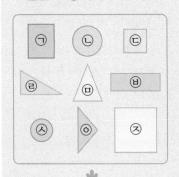

▨ 모양	㉠, ㉢, ㉥, ㉩
△ 모양	㉣, ㉤, ⓞ
○ 모양	㉡, ㉦

✿ ▨, △, ○ 모양의 특징

▨ 모양	뾰족한 곳이 4군데임.
△ 모양	뾰족한 곳이 3군데임.
○ 모양	뾰족한 곳이 없음.

✿ ▨, △, ○ 모양을 몇 개씩 이용했는지 알아보기

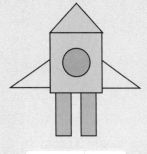

▨ 모양	3개
△ 모양	3개
○ 모양	1개

✐ 여러 가지 모양을 찾아 볼까요

- ▨ 모양 찾아 보기

- △ 모양 찾아 보기

- ○ 모양 찾아 보기

✐ 여러 가지 모양을 알아볼까요

- ▨ 모양 알아보기 → 평평한 선이 4군데입니다.

➡ ▨ 모양은 **뾰족한 곳이** 4군데입니다.

- △ 모양 알아보기 → 평평한 선이 3군데입니다.

➡ △ 모양은 **뾰족한 곳이** 3군데입니다.

- ● 모양 알아보기

➡ ● 모양은 <u>뾰족한 곳이 없고 둥근 부분이 있습니다.</u>

- 몸으로 ■, ▲, ● 모양 표현하기

 ➡ ■ 모양

 ➡ ▲ 모양

➡ ● 모양

└▶ 친구들과 같이 모양을 만들 수도 있습니다.

🍃 여러 가지 모양을 꾸며 볼까요

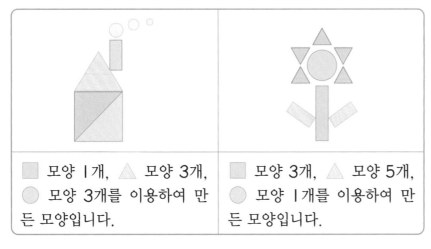

■ 모양 1개, ▲ 모양 3개, ● 모양 3개를 이용하여 만 든 모양입니다.

■ 모양 3개, ▲ 모양 5개, ● 모양 1개를 이용하여 만 든 모양입니다.

1 ■ 모양의 물건을 찾아 ○ 표 하세요.

2 ● 모양의 물건을 찾아 기호를 써 보세요.

(   )

3 같은 모양끼리 모으려고 합니다. <u>잘못</u> 모은 물건을 찾아 기호를 써 보세요.

(   )

4 지붕을 꾸미는 데 이용하지 <u>않은</u> 모양에 ○표 하세요.

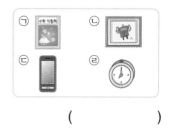

(■ , ▲ , ●)

◀ 정답 ▶

1. ✉에 ○표   2. ㉠

3. ㉣   4. ■에 ○표

1 오른쪽 물건에서 찾을 수 있는 모양을 찾아 색칠하여 보세요.

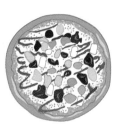

2 ● 모양의 물건을 찾아 ○표 하세요.

(   ) (   ) (   )

3 △ 모양을 찾을 수 있는 물건은 모두 몇 개일까요?

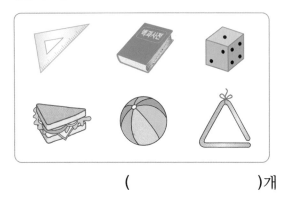

(   )개

4 ■ 모양의 물건을 찾아 기호를 써 보세요.

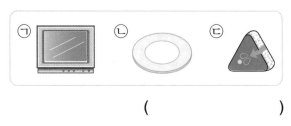

(   )

5 다음 물건들에 공통으로 들어 있는 모양은 ■, △, ● 모양 중 어떤 모양인지 ○표 하세요.

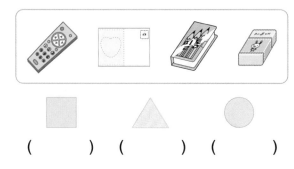

■   △   ●

(   ) (   ) (   )

6 물건을 종이에 대고 본을 떴을 때 나오는 모양이 <u>다른</u> 것을 찾아 기호를 써 보세요.

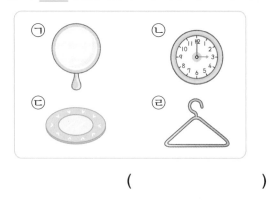

(   )

7 동전을 종이에 대고 본을 떴을 때 나오는 모양에 색칠하여 보세요.

8 찰흙 위에 찍었을 때 오른쪽 그림과 같이 나올 수 있는 물건은 모두 몇 개인지 풀이 과정을 쓰고 답을 구하세요. 〔서술형〕

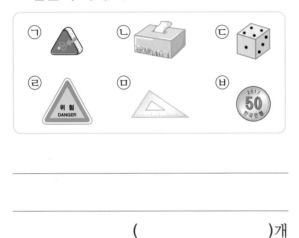

_____

_____

( )개

9 같은 모양의 단추끼리 이어 보세요.

10 ▨ 모양 조각은 모두 몇 개일까요?

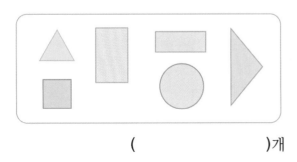

( )개

11 애호박을 그림처럼 잘랐을 때 나타나는 모양에 ○표 하세요.

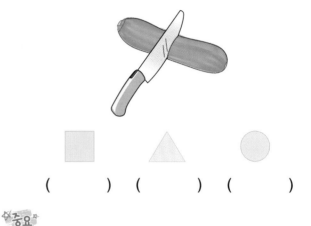

( ) ( ) ( )

12 물감을 묻혀 찍을 때 나올 수 있는 모양을 찾아 ○표 하세요. 〔중요〕

( ) ( ) ( )

13 뾰족한 곳이 4군데인 모양을 찾아 ○표 하세요.

( ) ( ) ( )

14 다음 물건들에서 공통으로 찾을 수 있는 모양에 ○표 하세요.

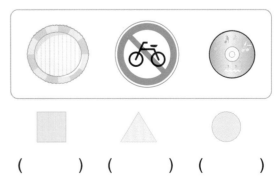

( ) ( ) ( )

15 ● 모양은 모두 몇 개일까요?

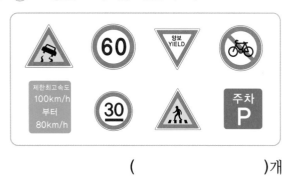

(　　　　)개

16 다음과 같은 물건으로 물건 꺼내기 놀이를 하려고 합니다. ■, ▲, ● 모양 중 가장 많은 모양은 어떤 모양인지 풀이 과정을 쓰고 답을 구하세요.

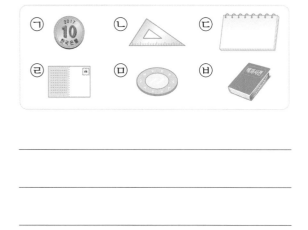

_____

_____

_____

(　　　　)모양

17 오른쪽 모양을 만드는 데 ● 모양을 몇 개 이용했나요?

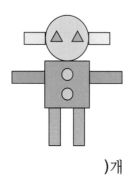

(　　　　)개

18 다음은 채윤이가 만든 나비 모양입니다. ■, ▲, ● 모양을 몇 개씩 이용했는지 세어 보세요.

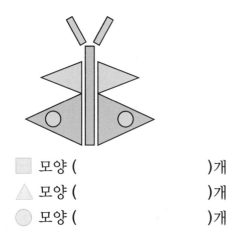

■ 모양 (　　　　)개

▲ 모양 (　　　　)개

● 모양 (　　　　)개

19 오른쪽 가방의 무늬를 만들 때 이용하지 <u>않은</u> 모양을 찾아 ○표 하세요.

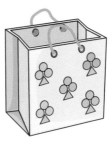

■　　　　▲　　　　●

(　　) (　　) (　　)

20 다음 그림에서 가장 많이 이용한 모양을 찾아 ○표 하세요.

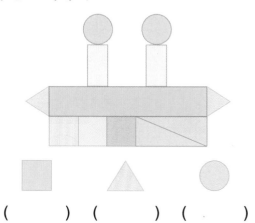

■　　　　▲　　　　●

(　　) (　　) (　　)

1 그림을 보고 물음에 답하세요.

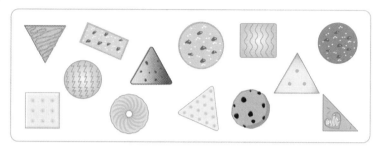

> 쿠키를 모양별로 분류해 보아요.

(1) ⬛ 모양 쿠키는 모두 몇 개일까요?

(　　　　)개

(2) 🔺 모양 쿠키는 모두 몇 개일까요?

(　　　　)개

(3) ⚪ 모양 쿠키는 모두 몇 개일까요?

(　　　　)개

2 교실에서 ⬛, 🔺, ⚪ 모양을 찾아 같은 모양 안에 이름을 써넣으세요.

> 교실에 있는 물건들을 생각해 보아요.

태극기

3 ⬛, 🔺, ⚪ 모양을 이용하여 옷을 꾸며 보세요.

> 각자 꾸미고 싶은 모양을 만들어 보아요.

수학 4회

4. 덧셈과 뺄셈(2)

세 수의 덧셈

2+3+1=6 2+3+1=6
  5   4
   6   6

➡ 계산 순서를 바꾸어 더해도 결과는 같습니다.

세 수의 뺄셈

8-3-2=3 8-3-2=7
  5   1
   3   7
 (○)   (×)

➡ 순서를 바꾸어 계산하면 결과가 달라집니다. 따라서 반드시 앞에서부터 두 수씩 차례로 계산합니다.

10이 되는 더하기

➡ 7+ 3 =10

10을 만들어 더해 보기

• 앞의 두 수의 합이 10인 경우

2+8+5=15

• 뒤의 두 수의 합이 10인 경우

6+3+7=16

세 수의 덧셈을 어떻게 할까요

• 3+2+4의 계산

방법 1

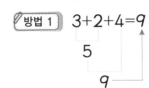

방법 2

3 → 5
+2   +4
5   9

세 수의 뺄셈을 어떻게 할까요 → 8-2-3에서 8-2를 먼저 계산하고 남은 수에서 3을 뺍니다.

• 8-2-3의 계산

방법 1

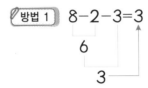

방법 2

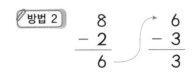

8 → 6
-2   -3
6   3

➡ 세 수의 뺄셈은 반드시 앞에서부터 두 수씩 차례로 계산합니다.

두 수를 더해 볼까요

• 이어 세기로 두 수를 더해 보기

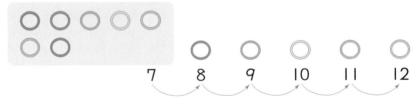

 7   8   9   10   11   12

➡ 7개하고 5개 더 있으므로 7하고 8, 9, 10, 11, 12입니다.

7+5=12

• 두 수를 바꾸어 더해 보기

8+4=12

4+8=12

➡ 두 수를 바꾸어 더해도 합은 같습니다.

🖊 10이 되는 더하기를 해 볼까요 → 모아서 10이 되는 두 수를 생각해 봅니다.

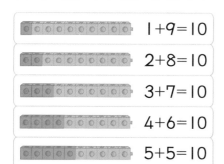

$1+9=10$

$2+8=10$

$3+7=10$

$4+6=10$

$5+5=10$

$6+4=10$

$7+3=10$

$8+2=10$

$9+1=10$

🖊 10에서 빼 볼까요 → 10에서 빼는 수가 1씩 커지면 차는 1씩 작아집니다.

$10-1=9$

$10-2=8$

$10-3=7$

$10-4=6$

$10-5=5$

$10-6=4$

$10-7=3$

$10-8=2$

$10-9=1$

🖊 10을 만들어 더해 볼까요

• 앞의 두 수를 더해 10을 만들어 세 수를 더해 보기

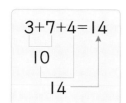

$3+7+4=14$

10

14

① 앞의 두 수를 더해 10을 만듭니다.
② 만든 10에 4를 더하면 14입니다.

• 뒤의 두 수를 더해 10을 만들어 세 수를 더해 보기

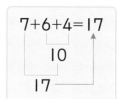

$7+6+4=17$

10

17

① 뒤의 두 수를 더해 10을 만듭니다.
② 만든 10에 7을 더하면 17입니다.

1 ☐ 안에 알맞은 수를 써넣으세요.

$2+4+1=$ ☐

2 두 수를 더해 보세요.

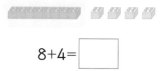

$8+4=$ ☐

3 ☐ 안에 알맞은 수를 써넣으세요.

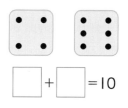

☐ $+$ ☐ $=10$

4 ☐ 안에 알맞은 수를 써넣으세요.

$2+8+6=$ ☐

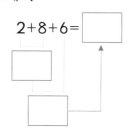

수학

1 그림에 알맞은 식을 만들고 계산해 보세요.

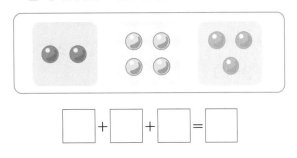

$$\boxed{} + \boxed{} + \boxed{} = \boxed{}$$

2 계산해 보세요.

(1) $4+3+2=$ $\boxed{}$

(2) $9-5-2=$ $\boxed{}$

서술형

3 계산에서 잘못된 점을 찾아 이유를 쓰고, 바르게 고쳐 보세요.

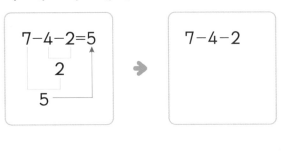

_____

_____

4 빈칸에 알맞은 수를 써넣으세요.

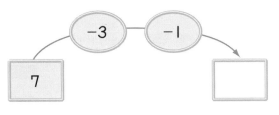

중요

5 바구니에 오이 5개, 가지 2개, 당근 2개가 들어 있습니다. 바구니에 들어 있는 채소는 모두 몇 개일까요?

(   )개

6 계산 결과가 더 큰 식에 ◯표 하세요.

$$\boxed{8-1-5} \qquad \boxed{9-4-4}$$

(   )   (   )

7 그림을 보고 두 수를 더해 보세요.

$$7+5= \boxed{}$$

8 그림을 보고 두 수를 바꾸어 더해 보세요.

5+8=☐

8+5=☐

서술형

9 승현이는 지금까지 훌라후프 6개를 뛰어 넘었습니다. 승현이가 5개를 더 뛰어 넘으면 모두 몇 개를 뛰어 넘는 것인지 풀이 과정을 쓰고 답을 구하세요.

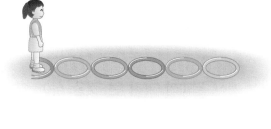

─────────────────

─────────────────

─────────────────

( )개

10 그림을 보고 ☐ 안에 알맞은 수를 써넣으세요.

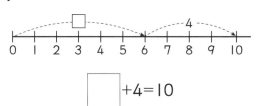

☐+4=10

11 계산 결과가 <u>다른</u> 것에 색칠하여 보세요.

| 6+4 | 5+3 | 2+8 |

잘 틀려요

12 ☐ 안에 들어갈 수가 작은 것부터 차례대로 기호를 써 보세요.

㉠ 10-☐=7
㉡ 10-☐=9
㉢ 10-☐=4

(, ,)

서술형

13 지민이는 칭찬 붙임딱지를 지난주에 6장 모았습니다. 이번 주까지 모아 10장이 되려면 칭찬 붙임딱지를 몇 장 더 모아야 하는지 풀이 과정을 쓰고 답을 구하세요.

─────────────────

─────────────────

─────────────────

─────────────────

( )장

14 우진이는 구슬을 10개 가지고 있었습니다. 그중에서 3개를 동생에게 주었습니다. 우진이에게 남은 구슬은 몇 개인지 식을 쓰고 답을 구하세요.

식 _____

답 _____ 개

15 □ 안에 알맞은 수를 써넣으세요.

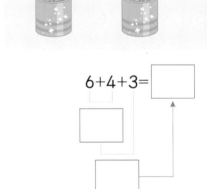

6+4+3=□

16 합이 10이 되는 두 수를 ◯ 로 묶고 □ 안에 세 수의 합을 써넣으세요.

9   8
   2   □

17 합이 같은 것끼리 이어 보세요.

(1) 6+4+5 •   • ㉠ 10+6

(2) 9+2+8 •   • ㉡ 10+5

(3) 5+5+6 •   • ㉢ 9+10

18 수 카드에 있는 세 수의 합을 구하세요.

3   7   8

(   )

19 계산 결과가 가장 큰 것을 찾아 기호를 써 보세요.

㉠ 4+5+6
㉡ 3+1+9
㉢ 4+8+2

(   )

잘 틀려요

20 세 수를 더하여 14가 되도록 ☆에 알맞은 수를 구하세요.

4   ☆   5

(   )

▶ 윤아는 친구들과 과녁 맞히기 놀이를 하였습니다. 세 사람
이 화살을 과녁에 맞힌 그림을 보고 물음에 답하세요.

[1 ~ 4]

윤아

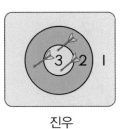
진우

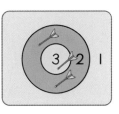
재희

1 윤아가 얻은 점수는 모두 몇 점일까요?

(   )점

> 몇 점에 몇 개씩 맞혔는지
> 알아보아요.

2 진우가 얻은 점수는 모두 몇 점일까요?

(   )점

3 재희가 얻은 점수는 모두 몇 점일까요?

(   )점

4 얻은 점수가 가장 큰 사람은 누구일까요?

(   )

> 세 사람이 얻은 점수를 비교
> 해 보아요.

수
학

몇 시를 알아볼까요

• 시계 보기

짧은바늘이 7, 긴바늘이 12를 가리킬 때
시계는 **7시**를 나타내고 **일곱** 시라고 읽습니다.

• 4시를 시계에 나타내기
  ① 짧은바늘이 4를 가리키도록 그립니다.
  ② 긴바늘이 12를 가리키도록 그립니다.

• 1시, 2시, 3시 등을 **시각**이라고 합니다.

┌→ 긴바늘이 6을 가리킵니다.

몇 시 30분을 알아볼까요

• 시계 보기

┌→ 짧은바늘은 지나온 숫자를
   읽습니다.

짧은바늘이 1과 2 사이, 긴바늘이 6을 가리킬 때
시계는 **1시 30분**을 나타내고 **한 시 삼십 분**이라고 읽습니다.

㉓ 5시 30분의 시곗바늘이 가리키는 곳
  ┌ 짧은바늘: 5와 6 사이
  └ 긴바늘: 6

• 8시 30분을 시계에 나타내기
  ① 짧은바늘이 8과 9 사이를 가리키도록
     그립니다.
  ② 긴바늘이 6을 가리키도록 그립니다.

❖ 시각 알아보기

1시, 2시 등을 시각이라고 합니다. 같은 2시라도 하루 중 아침과 저녁으로 표현할 수 있습니다.

❖ 몇 시 30분의 시곗바늘이 가리키는 곳 알아보기

㉓ 3시 30분
┌ 짧은바늘: 3과 4 사이
└ 긴바늘: 6
➡ 몇 시 30분은 긴바늘이 6을 가리킵니다.

❖ 디지털시계에서 시각 알아보기

디지털시계에서 ' : ' 뒤의 수가 30일 때 '몇 시 30분'을 나타냅니다.

시 ┌ ┌ 분
5:30

➡ ' : ' 앞의 수가 5이고 ' : ' 뒤의 수가 30이므로 5시 30분입니다.

❖ 규칙 찾기

규칙을 찾을 때에는 반복되는 것이 무엇인지 알아봅니다.

규칙을 찾아 말해 볼까요

→ 반복됩니다.

♣, ♣, ♡가 반복되는 규칙이므로 빈칸에는 ♣이 들어갑니다.

규칙을 찾아 여러 가지 방법으로 나타내어 볼까요

의자, 책상, 책상이 반복됩니다.

➡ 의자를 1, 책상을 2로 나타내면 1-2-2-1-2-2-1-2로 나타낼 수 있습니다.

규칙을 만들어 무늬를 꾸며 볼까요

노란색과 초록색이 반복되므로 ①에는 노란색, ②에는 초록색을 칠합니다.

수 배열에서 규칙을 찾아 볼까요 → 반복되거나 커지는 규칙을 찾아 봅니다.

4	7	4	7	4	7

➡ 4와 7이 반복됩니다.

20	30	40	50	60	70

➡ 20부터 시작하여 10씩 커집니다.

수 배열표에서 규칙을 찾아 볼까요

1	2	3	4	5	6	7	8	9	10
11	12	13	14	15	16	17	18	19	20
21	22	23	24	25	26	27	28	29	30

① 수 배열표에서 빨간색으로 색칠한 수들은 1씩 커집니다.

② 수 배열표에서 파란색 선으로 둘러싸인 수들은 10씩 커집니다.

→ 3, 13, 23은 10씩 커집니다.

1 □ 안에 알맞은 수를 써넣으세요.

짧은바늘이 □ , 긴바늘이 □ 를 가리키므로 □ 시입니다.

2 시각을 써 보세요.

□ 시 □ 분

3 그림을 보고 되풀이되는 부분에 ○표 하세요.

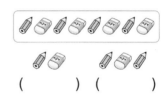

( ) ( )

4 규칙에 따라 색칠할 때, 빈칸에 칠할 색은 어떤 색일까요?

노란색
빨간색

( )

수학 65

1 시각을 써 보세요.

(1)

◻ 시

(2)

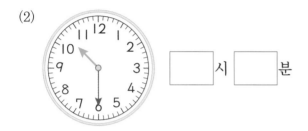

◻ 시 ◻ 분

2 시계를 바르게 읽은 사람은 누구일까요?

• 민영: 9시   • 재준: 9시 30분
• 정인: 11시   • 서진: 12시

(   )

3 다음을 읽고 예영이가 일어난 시각을 써 보세요.

서연: 오늘 몇 시에 일어났니?
예영: 일어나서 시계를 봤더니 짧은바늘이 7, 긴바늘이 12를 가리키고 있었어.

(   )시

4 시곗바늘을 그려 넣고 시각을 써 보세요.

긴바늘 ➡ 12
짧은바늘 ➡ 4

◻ 시

서술형

5 왼쪽 시계에 2시를 나타내어 보았습니다. <u>틀린</u> 이유를 설명하고 오른쪽 시계에 바르게 나타내어 보세요.

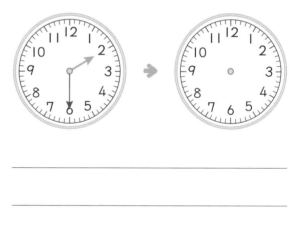

_____

_____

_____

중요

6 시계의 긴바늘이 6을 가리키는 시각을 찾아 기호를 써 보세요.

㉠ 6시   ㉡ 7시 30분

(   )

서술형

7 디지털시계의 시각과 같은 시각을 나타내는 시계를 찾아 기호를 써 보세요.

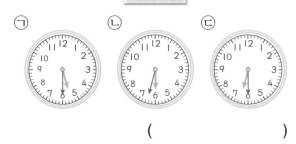

( )

10 재영이가 오늘 낮에 한 일입니다. 재영이가 가장 나중에 한 일은 무엇인지 풀이 과정을 쓰고 답을 구하세요.

간식 먹기   줄넘기   책 읽기

_____

_____

_____

( )

⋆중요

8 같은 시각끼리 이어 보세요.

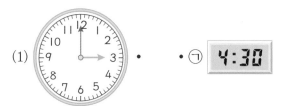

(1) • • ㉠ **4:30**

(2) • • ㉡ **3:00**

⋆그림을 보고 물음에 답하세요. [11~12]

11 규칙을 바르게 설명한 사람은 누구일까요?

> 윤지: 야구공과 글러브가 한 개씩 반복되는 규칙이야.
>
> 서진: 야구공 두 개와 글러브 한 개가 반복 되는 규칙이야.

( )

잘 틀려요

9 12시 30분을 시계에 바르게 나타낸 사람은 누구일까요?

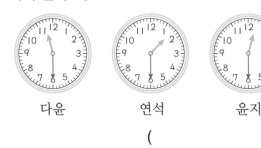

다윤   연석   윤지

( )

12 빈칸에 들어갈 모양에 ○표 하세요.

(,)

13 규칙을 찾아 오리는 △, 토끼는 ▨로 나타내어 보세요.

△	▨						

14 보기 와 같은 규칙으로 빈칸에 수를 써넣을 때, ㉠+㉡의 값은 얼마인지 풀이 과정을 쓰고 답을 구하세요.

보기

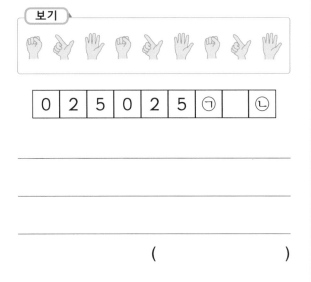

0	2	5	0	2	5	㉠		㉡

_____

_____

_____

(   )

✿그림을 보고 물음에 답하세요. [15~16]

노란색   파란색   빨간색

15 규칙을 찾아 설명하여 보세요.

규칙 _____

16 빈칸에 알맞게 색칠하여 보세요.

17 규칙에 따라 꽃을 늘어놓았습니다. ㉠, ㉡에 들어갈 꽃의 색깔은 각각 어떤 색일까요?

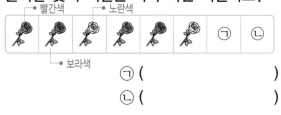

㉠ (   )

㉡ (   )

18 규칙에 맞게 빈칸에 알맞은 수를 써넣으세요.

✿수 배열표를 보고 물음에 답하세요. [19~20]

30	31	32	33			
			40	41	42	
			☆			50
51	52					

19 빨간색으로 색칠한 수들의 규칙은 무엇일까요?

규칙 _____

20 ☆에 들어갈 수를 구하세요.

(   )

▶ 진영이가 오늘 낮에 한 일을 나타낸 것입니다. 그림을 보고 물음에 답하세요. [❶ ~ ❷]

❶ 진영이가 피아노를 친 시각은 몇 시 몇 분일까요?

☐ 시 ☐ 분

> 시계가 나타내는 시각을 먼저 알아보아요.

❷ 진영이가 오늘 낮에 먼저 한 일부터 차례대로 기호를 써 보세요.

(, ,)

> 시를 나타내는 수가 작을수록 빠른 시각이에요.

❸ 지연이가 옷을 규칙에 따라 옷걸이에 걸어 정리하려고 합니다. 빨간색 다음에는 무슨 색 옷을 걸어야 할까요?

노란색 빨간색 파란색 보라색

( )

> 걸어 놓은 옷 색깔의 규칙을 알아보아요.

6. 덧셈과 뺄셈(3)

❖7+5의 계산하기

먼저 5와 5를 더해서 10을 만드는 방법으로 계산할 수 있습니다.

7+5=12

❖ (몇)+(몇)=(십몇)을 여러 가지 방법으로 계산하기

방법 1 먼저 8에 2를 더해서 10을 만드는 방법

$8 + 5 = 13$

2 3

방법 2 먼저 5에 5를 더해서 10을 만드는 방법

$8 + 5 = 13$

3 5

❖ 덧셈하기 ┌더하는 수가 1씩 커집니다.

6+6=12
6+7=13
6+8=14 ←합이 1씩 커집니다.
6+9=15

➡ 1씩 큰 수를 더하면 합도 1씩 커집니다.

❖ 뺄셈하기 ┌빼는 수가 1씩 커집니다.

13−5=8
13−6=7
13−7=6 →차가 1씩 작아집니다.
13−8=5

➡ 1씩 큰 수를 빼면 차는 1씩 작아집니다.

✔ 10을 이용하여 모으기와 가르기를 해 볼까요

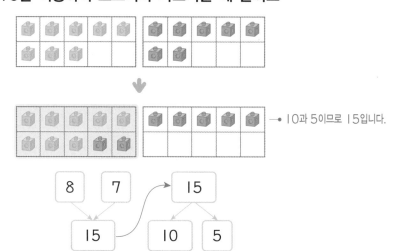

→ 10과 5이므로 15입니다.

8 7 → 15

15 10 5

➡ 8과 7을 모으기를 하면 15입니다.
15는 10과 5로 가르기를 할 수 있습니다.

✔ 덧셈을 해 볼까요(1)

• 7+5의 계산하기

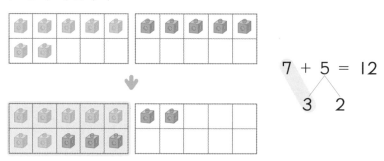

$7 + 5 = 12$

3 2

➡ 7이 10이 되도록 5를 3과 2로 가르기를 하여 계산합니다.

✔ 덧셈을 해 볼까요(2)

• 6+7의 계산하기

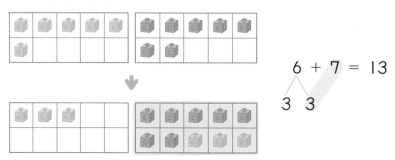

$6 + 7 = 13$

3 3

➡ 7과 더해서 10을 만들기 위해 6을 3과 3으로 가르기를 하여 계산합니다.

덧셈을 해 볼까요 (3)

4+7	4+8	4+9
11	12	13
5+7	5+8	5+9
12	13	14
6+7	6+8	6+9
13	14	15

Ｉ씩 커집니다.

Ｉ씩 커집니다.

➡ 오른쪽으로 가면 더하는 수가 Ｉ씩 커지므로 합은 Ｉ씩 커집니다.

➡ 아래쪽으로 가면 더해지는 수가 Ｉ씩 커지므로 합은 Ｉ씩 커집니다.

뺄셈을 해 볼까요 (1)

· 12−5의 계산

$12 - 5 = 7$

2 3

➡ 12−5에서 5를 2와 3으로 가르기를 하여 먼저 2를 빼고 남은 10에서 3을 빼면 7이 됩니다.

뺄셈을 해 볼까요 (2)

· 13−8의 계산

· 13을 10과 3으로 가르기를 합니다.

$13 - 8 = 5$

10 3

➡ 10에서 먼저 8을 빼고 남은 2와 가른 수 3을 더하면 5가 됩니다.

뺄셈을 해 볼까요 (3)

Ｉ씩 작아집니다.

12−6	12−7	12−8	12−9
6	5	4	3
	13−7	13−8	13−9
	6	5	4
		14−8	14−9
		6	5
			15−9
			6

Ｉ씩 작아집니다.

➡ 오른쪽으로 가면 빼는 수가 Ｉ씩 커지므로 차는 Ｉ씩 작아집니다.

➡ 아래쪽으로 가면 빼지는 수가 Ｉ씩 커지므로 차는 Ｉ씩 커집니다.

1 10을 이용하여 모으기와 가르기를 해 보세요.

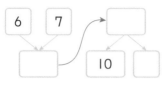

2 덧셈을 해 보세요.

(1) 4+8=☐

(2) 6+9=☐

3 ☐ 안에 알맞은 수를 써넣으세요.

$16 - 9 = ☐$

☐ 3

4 뺄셈을 해 보세요.

(1) 12−5=☐

(2) 13−6=☐

(3) 14−7=☐

➤ 정답

1. 13, 13, 3

2. (1) 12 (2) 15   3. 6, 7

4. (1) 7 (2) 7 (3) 7

1 10을 이용하여 모으기와 가르기를 해 보세요.

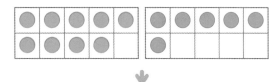

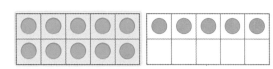

9	6	→	

	10	

2 빈칸에 알맞은 수를 써넣으세요.

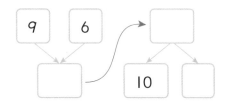

3 사탕 16개를 10개와 몇 개로 가르기를 할 수 있는지 빈칸에 알맞은 수를 써넣고 구하세요.

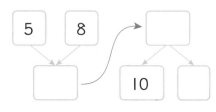

( )개

4 ☐ 안에 알맞은 수를 써넣으세요.

(1) 8 + 5 = ☐
        2   ☐

(2) 7 + 9 = ☐
        6   ☐

5 덧셈을 해 보세요.

(1) 4+7= ☐

(2) 6+8= ☐

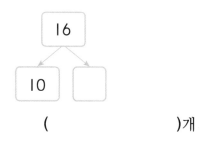

6 합을 비교하여 ○ 안에 >, <를 알맞게 써넣으세요.

4+9 ○ 7+7

7 빈칸에 알맞은 식과 수를 써넣으세요.

5+7	5+8	5+9
12	13	14
6+7		6+9
13		15
7+7	7+8	7+9
14	15	16

8 가장 큰 수와 가장 작은 수를 찾아 합을 구하세요.

| 8 5 6 9 |

( )

중요

9 지민이네 반 학생 중 안경을 쓴 남학생은 4명, 안경을 쓴 여학생은 7명입니다. 지민이네 반 학생 중 안경을 쓴 학생은 모두 몇 명일까요?

( )명

서술형

10 수 카드에 적힌 두 수의 합이 큰 사람이 이기는 놀이를 하였습니다. 이긴 사람은 누구인지 풀이 과정을 쓰고 답을 구하세요.

준서   지은

_____

_____

( )

잘 틀려요

11 합이 12가 되는 두 수를 찾아 ◯표 하세요.

| 4 | 7 | 5 |

12 뺄셈을 해 보세요.

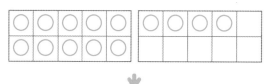

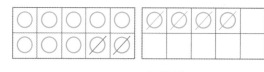

14-6=□

13 □ 안에 알맞은 수를 써넣으세요.

(1) 13-8=□

□ 5

(2) 15-9=□

10 □

14 □ 안에 알맞은 수를 써넣으세요.

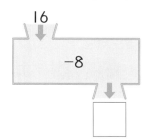

16

-8

15 뺄셈식을 보고 □ 안에 알맞은 수를 써넣으세요.

> $11-3=8$
>
> $12-4=8$
>
> $13-5=$ ☐
>
> $14-6=$ ☐

잘 틀려요

16 차가 다른 하나를 찾아 기호를 써 보세요.

> ㉠ $15-9$　　㉡ $14-7$　　㉢ $11-5$

(　　　　　　　)

17 풍선이 12개 있습니다. 이 중에서 5개가 터졌습니다. 남은 풍선은 몇 개일까요?

(　　　　　　　)개

18 계산 결과가 큰 순서대로 (　) 안에 1, 2, 3을 써넣으세요.

| $14-9$ | $12-4$ | $15-8$ |

(　　　)　　(　　　)　　(　　　)

19 다음은 서연이와 친구들이 읽은 책의 수를 조사하여 나타낸 것입니다. 가장 많이 읽은 사람은 가장 적게 읽은 사람보다 몇 권 더 많이 읽었는지 풀이 과정을 쓰고 답을 구하세요.

서연	다정	민준	우현
8권	16권	7권	14권

_____

_____

(　　　　　　　)권

20 민수는 수 카드에 적힌 두 수의 합을 영아보다 크게 하려고 합니다. 민수는 어떤 수가 적힌 카드를 골라야 하는지 풀이 과정을 쓰고 답을 구하세요.

| 2 | 4 | 5 | 7 |

| 8 | 6 | | 9 | |
| 영아 | | 민수 | |

_____

_____

(　　　　　　　)

▶ 승준이의 일기를 읽고 물음에 답하세요. [1 ~ 3]

20○○년 ○월 ○일 | 날씨

우리 가족은 오늘 주말농장에 갔다.
지난주에는 토마토가 5개 열렸는데 오늘 가 보니 6개가 더 열려 있었다.
오이는 13개가 열렸는데 그중에서 5개를 따 왔다. 감자도 캤는데 내가 7개를 캐고, 동생이 4개를 캤다.
채소에 물도 주고 다 자란 채소도 따면서 재미있는 시간을 보냈다. 다음 주에는 호박도 열렸으면 좋겠다.

1 토마토는 모두 몇 개가 열렸을까요?

(   )개

> 토마토의 수를 알아보는 알맞은 식을 만들어 보아요.

2 따고 남은 오이는 몇 개일까요?

(   )개

> 따고 남은 오이의 수를 구하려면 어떤 식을 세워야 하는지 생각해 보아요.

3 승준이와 동생이 캔 감자는 모두 몇 개일까요?

(   )개

> 먼저 승준이와 동생이 몇 개씩 캤는지 알아보아요.

출제 예상 문제 분석

가을, 겨울

가을

단원명	주요 출제 내용	출제 빈도	공부한 날
1. 내 이웃 이야기	• 대상, 상황에 맞게 인사하는 법 익히기	★★★★★	월 일
	• 놀이터, 버스, 식당에서 만난 이웃과 함께했던 경험 나누기	★★★★★	
	• 하루 동안 만난 이웃의 모습 알아보기	★★★★☆	
	• 이웃을 도우며 사는 모습 살펴보기	★★★★☆	
	• 이웃과 함께할 수 있는 놀이 살펴보기	★★★★☆	
	• 우리 가족을 통해 알게 된 이웃과의 경험 이야기하기	★★★★☆	
2. 현규의 추석	• 추석과 설날 비교하기	★★★★★	월 일
	• 추석을 준비하는 모습 살펴보기	★★★★☆	
	• 추수하는 분들이 사라지는 상황 상상해 보기	★★★☆	
	• 가을 산과 들의 변화된 모습, 가을에 볼 수 있는 꽃, 나무, 곤충 살펴보기	★★★★☆	
	• 풍물놀이 특징을 살펴보고 투호 놀이와 비사치기 놀이하기	★★★★★	
	• 감사의 마음을 표현하는 방법 알아보기	★★★★☆	

겨울

단원명	주요 출제 내용	출제 빈도	공부한 날
1. 여기는 우리나라	• 땅따먹기, 술래잡기, 사방치기 놀이 하기	★★★★★	월 일
	• 한복, 전통 음식, 우리 그릇, 우리 집, 우리 문양 살펴보기	★★★★★	
	• 태극기, 애국가, 무궁화 알아보기	★★★★★	
	• 우리나라 소개 자료 만들기	★★★★	
	• 남한과 북한의 같은 점과 다른 점 찾아보기	★★★★	
	• 통일이 된 우리나라의 모습 상상하고 표현하기	★★★	
2. 우리의 겨울	• 딱지와 팽이 만들고 놀이하기	★★★★★	월 일
	• 겨울철 날씨의 특징과 생활 모습 알아보기	★★★★★	
	• 겨울을 건강하게 보낼 수 있는 방법 알아보기	★★★★★	
	• 겨울철 놀이와 운동 알아보기	★★★★	
	• 여러 가지 재료를 이용하여 눈사람 만들기	★★★	
	• 배려하는 행동 알아보고, 나눔과 봉사를 실천한 사람 조사하기	★★★★★	
	• 비밀 친구 정하고 도와주기	★★★★	

1. 내 이웃 이야기

🍂 **이사 온 동준이**
① 어른을 만났을 때: 고개를 숙이거나 허리를 살짝 굽혀 인사하고, 존댓말을 사용합니다. → 예의 바르고 공손한 태도로 이야기를 나눕니다.
② 친구나 이웃 형, 동생을 만났을 때: 반갑게 손을 흔들며 인사하고, 반가운 마음을 전하는 인사말을 합니다.

🍂 **버스에서 만난 이웃**
① 버스 안에서 큰 소리로 떠들지 않고 차례를 지켜 타고 내립니다.
② 앞좌석을 발로 차지 않고, 쓰레기를 함부로 버리지 않습니다.

🍂 **버스 타고 가요**
① '버스놀이' 노랫말: 사람들이 버스를 차례차례 타고 있고, 버스를 탈 때 우리가 지켜야 할 일에 대한 내용이 나와 있습니다.
② 매우 경쾌하고 신나는 느낌이 듭니다.

🍂 **식당에서 만난 이웃**
① 식당에서는 뛰거나 장난을 치지 않고, 큰 소리로 떠들지 않습니다.
② 음식은 먹을 만큼만 덜어서 먹고, 바닥에 흘리지 않도록 조심합니다.

🍂 **길에서 만난 이웃**
① 노래를 부르며 움직이다가 만난 친구와 가위바위보를 합니다.
② 가위바위보에서 진 친구가 이긴 친구 뒤에 서서 이웃이 됩니다.
③ 같은 방법으로 계속해서 이웃을 모읍니다. → 꼬리 잇기 놀이

🍂 **옛날 사람들은 어디에서 모였을까?**
① 결혼식장: 동네 사람들이 모두 모여 축하해 주고 맛있는 음식을 나누어 먹었습니다.
② 그네 뛰는 곳: 함께 그네를 타고,❶수리취떡을 만들어 먹었습니다.
③ 빨래터: 맑은 물이 흐르는 곳에 모여 함께 빨래를 했습니다.
→ 옛날에는 집마다 수도가 없었습니다.

🍂 **하루 동안 동준이가 본 이웃**
① 아침: 예 학교 올 때 횡단보도의 교통 봉사자
② 낮: 예 집집마다 편지를 넣어 주시는 우체부 아저씨
③ 저녁: 예 놀이터에서 놀고 있는 친구와 친구 동생

🍂 **나눔 장터에서 찾은 이웃**
자신이 쓰지 않는 물건들을 다른 사람들에게 나누어 주고, 다른 사람들이 쓰지 않지만 나에게 필요한 물건들을 얻을 수 있는 곳
① 나눔 장터에서 나눌 물건: 이제는 안 쓰는 장난감, 작아서 못 입는 옷, 많이 사용하지 않는 학용품, 음식, 다 읽은 책 등
② 재능 나눔, 먹을거리 나눔, 돈 나눔, 봉사 나눔 등 다양한 나눔이 가능합니다. 예 머리를 예쁘게 잘라 주는 재능, 할머니, 할아버지께 바이올린 연주, 나눔 저금통에 동전을 저금했다가 어려운 이웃을 위해 돈을 모을 때 가져다 주는 것

정다운 이웃

① 탬버린: 한 손으로 테두리를 잡고 다른 손바닥에 가볍게 칩니다.

② 캐스터네츠: 한 손바닥 위에 올려놓고 다른 손으로 가볍게 칩니다.

③ 트라이앵글: 트라이앵글을 묶은 끈을 한 손으로 쥐고, 다른 손으로 채를 잡은 다음 가볍게 칩니다.

서로 돕는 이웃

→ 우리에게 도움을 주는 이웃에게 고맙다고 직접 말하거나 편지를 써서 고마운 마음을 전달할 수 있습니다.

① 우리를 도와주는 직업을 가진 이웃: 예 경찰관, 소방관, 주민센터 공무원, 선생님, 의사, 간호사, 버스 기사, 집배원, 환경미화원 등

② 직업이 아닌데도 우리를 도와주시는 이웃: 예 횡단보도 앞에서 교통 지도를 하시는 녹색 학부모

옛날 이웃들은 이렇게 지냈어요 예

① 벼를 도구로 치고 있습니다.(그림 '타작')

② 씨름을 하고 엿이 든 판을 들고 엿을 팔고 있습니다.(그림 '씨름')

→ 옛날 사람들이 함께 모여서 하던 놀이: 장기, 바둑, 씨름, 강강술래, 풍물놀이, 비사치기, 윷놀이 등

이웃집에서 소리가 들려요

이웃에서 들리는 소리 중 듣기 좋은 소리	아이들이 즐겁게 웃는 소리, 이웃 사람들이 모여 함께 운동을 하면서 이야기를 나누는 소리 등
이웃에서 들리는 소리 중 듣기 싫은 소리	밤에 피아노를 치는 소리, 뛰어다니면서 쿵쿵대는 소리 등

이웃과 만나면 하하 호호 놀아요

① 이웃들과 함께 할 수 있는 놀이: 빨대 던져 넣기, 동서남북 놀이, 종이컵 쌓기 등

② 이웃집에 방문했을 때 지켜야 할 예절: 집에 들어가면 손 씻기, 늦은 시간까지 놀지 않기, 장난감을 가지고 논 다음에는 정리하기, 어른을 만나면 내가 먼저 공손히 인사하기, 집 안의 물건을 만질 때는 허락을 받기 등

'도와주세요' 소리를 들었어요 예

① 넘어진 이웃을 부축해 줍니다.

② 이웃이 떨어뜨린 물건을 주워 줍니다.

③ 비를 맞으며 가는 이웃에게 우산을 씌워 줍니다.

이웃과 함께해요

① 공원에서 맛있는 음식을 나누어 먹었습니다.

② 이사를 와서 부모님과 함께 이웃집에 떡을 드렸습니다.

③ 생일날 친구들을 초대해서 케이크와 과일을 함께 먹었습니다.

바로바로 체크

1 가족이나 친척을 제외하고 나와 가까이 지내는 사람을 무엇이라고 하는지 쓰세요.

( )

2 놀이터에서 놀이 기구를 바르게 이용하는 모습으로 바른 것은 ○표, 바르지 않은 것은 ×표 하세요.

(1) 미끄럼틀은 거꾸로 올라갑니다. ( )

(2) 차례대로 줄을 서서 탑니다. ( )

(3) 다른 사람을 밀거나 당기지 않습니다. ( )

3 자신이 쓰지 않는 물건들을 다른 사람들에게 나누어 주고, 다른 사람들이 쓰지 않지만 나에게 필요한 물건을 얻을 수 있는 곳은 어디인지 쓰세요.

( )

4 다음 그림에서 옛날 사람들이 모여서 한 놀이는 무엇인지 쓰세요.

( )

정답

1. 이웃 2. (1) × (2) ○ (3) ○

3. 나눔 장터 4. 씨름

1 다음과 같이 인사할 때는 언제인가요?

( )

> 손을 흔들며 "안녕?"

① 슈퍼에서 아주머니를 만났을 때
② 길에서 동네 할머니를 만났을 때
③ 놀이터에서 아랫집 동생을 만났을 때
④ 승강기에서 윗집 아저씨를 만났을 때
⑤ 분리배출을 하다가 아저씨를 만났을 때

중요

2 놀이터에서 놀이 기구를 바르게 사용하는 모습은 어느 것인가요? ( )

① 미끄럼틀은 서서 탄다.
② 차례대로 줄을 서서 탄다.
③ 철봉에 매달려 있는 친구를 잡아당긴다.
④ 동생이 타고 있는 뺑뺑이를 세게 돌린다.
⑤ 그네를 타고 있는 언니 앞으로 뛰어 들어 깜짝 놀라게 한다.

3 다음 그림을 보고, 버스에서 지킬 일은 무엇인지 고르세요. ( )

① 다리를 벌리고 앉지 않는다.
② 앞좌석을 발로 차지 않는다.
③ 껌은 함부로 버리지 않는다.
④ 통로에서 뛰어다니지 않는다.
⑤ 큰 소리로 통화를 하지 않는다.

4 다음은 어떤 노래의 일부분인지 제목을 쓰세요.

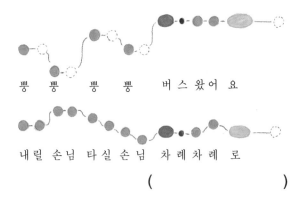

뺑 뺑 뺑 뺑 버 스 왔 어 요

내 릴 손 님 타 실 손 님 차 례 차 례 로

( )

서술형

5 식당에서 지켜야 할 일을 한 가지 쓰세요.

_____

6 꼬리 잇기 놀이를 하는 방법입니다. 순서대로 기호를 쓰세요.

> ㉠ 가위바위보에서 진 친구가 이긴 친구 뒤에 서서 이웃이 된다.
> ㉡ 노래를 부르며 움직이다가 만난 친구와 가위바위보를 한다.
> ㉢ 같은 방법으로 계속해서 이웃을 모은다.

( )

7 오른쪽은 옛날 사람들이 어느 곳에서 이웃들과 함께 하는 모습인가요? ( )

① 공원
② 시장
③ 빨래터
④ 놀이터
⑤ 세탁소

8 이웃이 아닌 사람은 누구인가요? (　　)

① 외할머니　　　　② 경비원
③ 윗집 아주머니　　④ 경찰관
⑤ 같은 반 친구 동생

중요

9 나눔 장터에서 나눌 수 있는 물건이 아닌 것은 어느 것인가요? (　　)

① 찢어진 옷
② 다 읽은 책
③ 작아서 못 입는 옷
④ 지금은 쓰지 않는 연필깎이
⑤ 아기 때 가지고 놀던 장난감

서술형

10 나눔 장터에서 물건을 나누면 좋은 점은 무엇인지 한 가지 쓰세요.

_____

_____

11 오른쪽 리듬 악기 이름은 무엇인지 쓰세요.

(　　　　　)

12 우리가 횡단보도를 건널 때 위험하지 않게 도와주시는 이웃은 누구인가요? (　　)

① 의사
② 소방관
③ 집배원
④ 녹색 학부모
⑤ 환경미화원

잘 틀려요

13 옛날에는 이웃과 어떤 일을 함께 했는지 관계있는 것끼리 선으로 이어 보세요.

(1) 　　　　• ㉠ 씨름

(2) 　　　　• ㉡ 타작

14 '꿩 꿩 장 서방' 노래입니다. 노래를 부를 때 전체 학생이 다같이 부르는 부분은 어디인지 기호를 쓰세요.

꿩	꿩	장	서	방	㉠
자	네 집 이	어	딘	고	
이 산	저 산	넘	어	서	㉡
솔	밭 집 이	내 집 일	세		

(　　　　　)

가을

15 이웃에서 들을 수 있는 소리 중 듣기 좋은 소리는 어느 것인가요? (   )

① 큰 소리로 떠드는 소리
② 밤에 피아노를 치는 소리
③ 뛰어다니면서 쿵쿵대는 소리
④ 늦은 시간에 청소를 하는 소리
⑤ 이웃 사람들이 모여 함께 운동하는 소리

16 이웃과 함께할 수 있는 다음과 같은 놀이는 무엇인지 쓰세요.

(   )

중요

17 이웃집에 갔을 때 지켜야 할 예절로 바르지 <u>않은</u> 것은 어느 것인가요? (   )

① 늦은 시간까지 놀지 않는다.
② 집에 들어가면 손을 씻는다.
③ 장난감은 가지고 놀지 않는다.
④ 어른을 만나면 공손히 인사를 한다.
⑤ 집 안의 물건을 만질 때는 허락을 받는다.

18 어려움에 처한 이웃을 만났을 때 해야 하는 행동을 ○, × 놀이를 하면서 알아보는 모습입니다. '한글을 모르는 친구를 놀린다.' 라는 선생님 말씀을 들은 두 친구 중 정답을 맞힌 친구는 누구인지 쓰세요.

(   )

잘 틀려요

19 손가락 도장을 찍어 이웃을 표현할 때 필요한 준비물을 모두 고르세요. (,   )

① 색종이   ② 사인펜
③ 고무풍선   ④ 종이 접시
⑤ 스탬프잉크

20 다음과 같은 이웃 사람들의 모습을 볼 수 있는 곳은 어디인가요? (   )

- 음식을 먹고 있다.
- 사람들이 많이 모여 있다.
- 야채, 과일 등을 팔고 있다.

① 시장   ② 놀이터
③ 병원   ④ 수영장
⑤ 놀이공원

1 버스 안의 상황 중 바르지 않은 모습을 모두 골라 기호를 쓰고, 바르지 않은 까닭을 쓰세요.

바르지 않은 모습	바르지 않은 까닭

2 다음 장소에서 지켜야 할 일을 각각 한 가지 쓰세요.

(1)

▲ 공원

(2)

▲ 영화관

(3)

▲ 마트

(1) _____

(2) _____

(3) _____

- **버스를 이용할 때 지켜야 할 일**
- 버스 안에서 큰 소리로 떠들지 않습니다.
- 앞좌석을 발로 차지 않습니다.
- 껌이나 쓰레기를 함부로 버리지 않습니다.
- 버스를 타고 내릴 때에는 차례를 지킵니다.

- **도서관에서 지켜야 할 일**
- 큰 소리로 말하거나 뛰어다니지 않습니다.
- 책을 소리 내어 읽거나 책장을 소리 내어 넘기지 않습니다.
- 책에 낙서를 하거나 찢지 않습니다.

2. 현규의 추석

추석이다!

> 추석의 뜻, 추석에 먹는 음식, 추석에 하는 일, 추석에 하는 놀이, 추석이 언제부터 시작되었는지 알아봅니다.

① 추석에 대하여 조사할 내용을 정합니다.

② 조사할 내용은 도서관에서 책을 찾고, 어른들께 여쭈어보거나, 인터넷에서 찾아봅니다.

큰 명절, 추석

> 오랜만에 가족과 친척을 만나서 정을 나눈다는 점도 추석과 설날이 같습니다.

구분	추석 → 가을	설날 → 겨울
언제	음력 8월 15일	음력 1월 1일
먹는 음식	송편, ❶토란국	떡국, 만둣국
하는 일	달맞이, 구름 보기	세배, 복조리 달기
하는 놀이	씨름, 강강술래	연날리기, 팽이치기

추석빔

① 색지를 반으로 접고 위를 조금 남긴 후에 같은 크기로 자릅니다.

➜ 다른 색지에 선을 그어 자릅니다. ➜ 두 색지를 서로 엇갈리게 끼우고 남은 부분을 자르고 풀칠하여 마무리합니다.

② 베 짜기를 활용해 저고리, 조끼 같은 작품을 만듭니다.

추석을 준비해요

① 우리 가족의 추석을 준비하는 모습: 차표 예매하기, 선물을 준비하기, 한복을 준비하기, 장을 보기

② 친척들의 추석을 준비하는 모습: 제기를 닦고 차례 준비하기, 음식 재료 준비하기, ❷벌초하기

맛있는 음식이 한가득

① 농사짓는 분들이 계셔서 먹을 것을 얻을 수 있습니다.

② 농사짓는 분들이 사라진다면 식탁 위에 빈 그릇만 있고, 마트에 가도 먹을 것이 없을 것입니다.

> 통조림 음식만 먹을 것 같고, 들판에 벼도 없고 나무에 과일도 열리지 않을 것입니다.

밤 따러 가자

① 네 편으로 나누고 콩 주머니를 가운데에 모두 놓습니다.

② 시작 신호와 함께 가운데 콩 주머니를 한 개씩 우리 편으로 옮깁니다.

> 콩 주머니를 많이 모은 편이 이깁니다.

감사합니다

① 가을까지 잘 자라준 열매들에게 고마운 마음을 갖습니다.

② 열매가 잘 자라도록 도와준 해, 비, 땅 등에게 고마운 마음을 갖습니다.

③ 곡식을 열심히 키워 주신 농부 아저씨께 감사합니다.

❖ 추석 명절에 볼 수 있는 햇과일과 햇곡식

• 햇과일: 사과, 배, 감, 대추 등

• 햇곡식: 쌀, 콩, 메밀, 기장, 수수, 옥수수 등

❖ 풍물놀이 악기

▲ 태평소

▲ 장구

▲ 소고

낱말 풀이

❶ **토란국** 흙속의 알이라고 불리는 토란을 넣어 끓인 국

❷ **벌초** 산소의 잡초를 베어서 깨끗하게 하는 것

❸ **사촌** 아버지의 친형제자매의 아들이나 딸과 나와의 관계

반가워요! 가을 친구들

→ 가을 친구들은 색깔, 모양, 크기, 볼 수 있는 장소에 따라 무리 지을 수 있습니다.

① 국화, 코스모스, 단풍나무, 은행나무 등을 볼 수 있습니다.

② 여치, 사마귀, 잠자리, 메뚜기 등을 볼 수 있습니다.

가을 잠자리

① 준비물을 준비하여 잠자리를 그린 뒤 오립니다.

② 어깨에 고무줄을 달고 어깨에 메어 봅니다.

잠자리를 잡아라

① 두 편으로 나누어 한편이 잠자리가 됩니다.

② 다른 편이 잠자리를 잡고, 잡히면 잠자리 집에 들어갑니다.

흥겨운 소리가 울려 퍼져요

→ 타악기   → 관악기

① 풍물놀이 악기: 꽹과리, 징, 장구, 북, 소고, 태평소 등이 있습니다.

② 풍물놀이는 악기, 노래, 춤이 한데 어우러져 있습니다.

└→ 주로 힘든 일을 할 때나 명절날에 합니다.

투호야, 비사야 놀자!

① 투호 놀이: 가장 많은 화살을 통 안에 집어넣는 편이 승리합니다.

② 비사치기: 일반적으로 한 편은 납작한 돌을 세워 놓고 다른 편은 신체 부위에 납작한 돌을 놓고 세워 놓은 돌을 쓰러뜨립니다.

달두 달두 밝다

① 손을 잡고 원을 만들고 노래를 부르며 강강술래를 해 봅니다.

② 한 사람이 '강강술래'를 부르면 다른 사람들이 '강강술래'를 따라 부르면서 돕니다.

└→ 시작 부분에서는 느리게 진행되다가 차츰 빨라지고 끝부분에서 다시 느려집니다.

달을 보며

① 추수해 주신 분들께 우리가 할 수 있는 일: 항상 감사하는 마음을 가지고, 내년 농사도 잘되도록 기도해 드립니다.

② 추수해 주신 분들께 감사의 마음을 표현하는 방법: 예 감사의 마음을 담아 편지를 씁니다.

추석을 보내고

① 즐거운 추석을 보낼 수 있게 해 준 분들: 할아버지께서 좋은 말씀을 해 주시고, 사촌 형들과 강강술래를 하며 재밌게 놀았습니다.

② 감사의 마음을 표현하는 방법: 우리가 잘되기를 바라는 가족 친척들의 마음을 헤아리고, 감사하는 마음을 가집니다.

바로바로 체크

1 다음에서 설명하는 것은 무엇인지 쓰세요.

- 음력 8월 15일이다.
- 송편을 먹는다.
- 달맞이, 강강술래 등을 한다.

(   )

2 가을이 되면 여러 가지 곡식과 열매를 □□합니다.

3 다음에서 설명하는 계절은 언제인지 쓰세요.

- 나무에 단풍이 든다.
- 벼가 누렇게 익는다.
- 하늘이 더 높고 파랗다.

(   )

4 풍물놀이 악기가 아닌 것을 골라 쓰세요.

북, 징, 장구, 트라이앵글
소고, 꽹과리, 태평소

(   )

▶ 정답

1. 추석   2. 추수   3. 가을
4. 트라이앵글

1 가마놀이를 하는 순서대로 기호를 쓰세요.

> ㉠ 곧게 편 손으로 다른 사람의 팔을 잡는다.
> ㉡ 한 팔은 곧게 펴고 다른 한 팔은 ㄱ 자로 꺾어 곧게 편 팔을 잡는다.
> ㉢ 팔 위에 인형을 태우고 정해진 깃발을 돌아온다.

(   )

2 추석에 하는 일이 <u>아닌</u> 것은 어느 것인가요? (   )

① 세배를 한다.
② 달맞이를 한다.
③ 차례를 지낸다.
④ 강강술래, 씨름을 한다.
⑤ 송편, 토란국을 먹는다.

3 다음과 같이 두 색지를 엇갈리게 끼우며 만드는 방법을 무엇이라고 하는지 쓰세요.

(   )

잘 **틀려요**

4 추석 준비를 위해 내가 할 수 있는 일을 모두 골라 기호를 쓰세요.

> ㉠ 벌초를 한다.
> ㉡ 제기를 닦는 것을 돕는다.
> ㉢ 차표를 예매한다.
> ㉣ 음식을 만들기 위해 장을 본다.
> ㉤ 한복을 꺼내 정리한다.

(   )

5 빈칸에 들어갈 노랫말은 무엇인지 쓰세요.

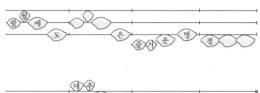

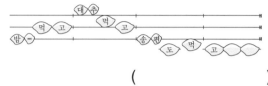

(   )

서술형

6 곡식과 열매를 추수하는 분들에게 고마운 마음을 전하기 위해 우리가 할 수 있는 일은 무엇인지 한 가지 쓰세요.

_____

_____

7 다양한 재료를 이용하여 추석 음식을 만들려고 합니다. 추석 상차림에서 볼 수 있는 음식이 아닌 것은 어느 것인가요? (   )

① 배   ② 떡국
③ 송편   ④ 토란국
⑤ 햅쌀로 지은 밥

8 콩 주머니 모으기 놀이 방법으로 바르지 않은 것을 골라 기호를 쓰세요.

> ㉠ 네 편으로 나눈다.
> ㉡ 콩 주머니를 가운데에 모두 놓는다.
> ㉢ 시작 신호와 함께 가운데 콩 주머니를 두 개씩 우리 편으로 옮긴다.
> ㉣ 정한 시간이 끝나면 콩 주머니를 더 많이 모은 편이 이긴다.

( )

잘 들려요

9 풍성한 가을이 되어 감사하는 마음을 전하는 모습이 바른 친구를 골라 쓰세요.

> • 윤성: 바람아, 많은 물을 주어서 고마워.
> • 송이: 땅아, 씨앗을 심게 해줘서 고마워.
> • 경란: 가을아, 맛있는 배를 주어서 고마워.

( )

10 가을의 모습이 아닌 것은 어느 것인지 기호를 쓰세요.

( )

중요

11 가을에 볼 수 있는 동물입니다. 무엇에 따라 무리 지은 것인가요? ( )

메뚜기, 사마귀	잠자리, 나비

① 크기 ② 울음소리
③ 모양 ④ 동물과 식물
⑤ 볼 수 있는 장소

12 '잠자리 꽁꽁' 노래를 부를 때 장단을 맞추는데 알맞은 악기는 어느 것인가요? ( )

잠	자	리	꽁	꽁
꼼	자	리	꽁	꽁
이	─리 와	─라	꽁	꽁
저	─리 가	─라	꽁	꽁

① 소고 ② 태평소
③ 리코더 ④ 피아노
⑤ 마라카스

13 친구가 하는 놀이는 무엇인가요? ( )

① 낙엽 밟기 놀이
② 낙엽 찍기 놀이
③ 낙엽 모으기 놀이
④ 낙엽 뿌리기 놀이
⑤ 낙엽으로 무늬 만들기 놀이

14 다음에서 설명하는 것은 무엇인지 쓰세요.

- 주로 힘든 일을 할 때나 명절날에 꽹과리, 징, 장구, 북, 소고, 태평소 등의 악기로 연주한다.
- 악기, 노래, 춤이 한데 어우러져 있다.

(   )

15 풍물놀이에서 쓰이는 악기의 소리를 말로 표현하였습니다. 선으로 바르게 이어 보세요.

(1) 징 •   • ㉠ 징

(2) 장구 •   • ㉡ 갠지 개갱

(3) 꽹과리 •   • ㉢ 쿵덕쿵

16 오른쪽은 어떤 놀이를 하는 것인가요? (   )

① 씨름
② 윷놀이
③ 닭싸움
④ 비사치기
⑤ 투호 놀이

17 추석날 밤에 손을 잡고 원을 만들고 노래를 부르면서 도는 놀이는 무엇인지 쓰세요.

(   )

서술형

18 둥근 달을 바라보며 추수를 해주신 분들께 감사의 마음을 담아 무엇이라고 감사의 마음을 표현할지 한 가지 쓰세요.

19 추석을 즐겁게 보낼 수 있게 해준 경우가 아닌 것은 어느 것인가요? (   )

① 어머니가 예쁜 옷을 새로 사주셨다.
② 사촌 형들과 눈사람을 만들며 놀았다.
③ 고모가 맛있는 음식을 많이 만들어 주셨다.
④ 할아버지께서 좋은 말씀을 많이 해 주셨다.
⑤ 큰아버지와 감을 따며 즐거운 시간을 보냈다.

잘 틀려요

20 추석에 대해 알게 된 것을 책으로 만들었을 때, 책 제목으로 알맞은 것을 모두 고르세요. (,   )

① 추석에 하는 놀이
② 추석에 먹는 음식
③ 추석에 받는 용돈
④ 겨울에 추수하는 과일
⑤ 겨울에 볼 수 있는 동물

1 다음은 가을에 볼 수 있는 식물입니다. 색깔에 따라 무리 지어 이름을 쓰세요.

▲ 단풍잎   ▲ 은행잎   ▲ 국화

▲ 코스모스   ▲ 억새   ▲ 밤나무

노란색	
빨간색	

■ 가을의 특징

• 단풍나무에 단풍잎이 빨갛습니다.
• 고추잠자리가 하늘을 날아다닙니다.
• 오솔길에 코스모스가 예쁘게 피었습니다.
• 수풀 속에 메뚜기, 사마귀 등이 있습니다.

2 풍물놀이 악기의 이름을 쓰세요.

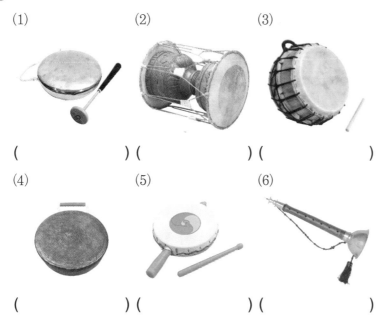

(1)   (2)   (3)

(   ) (   ) (   )

(4)   (5)   (6)

(   ) (   ) (   )

■ 풍물놀이 악기

• 풍물놀이는 악기, 놀이, 춤이 한데 어우러진 종합 예술입니다.
• 꽹과리, 징, 장구, 북, 소고, 태평소 등으로 구성됩니다.
• 대부분이 타악기로 이루어져 있고, 태평소만 관악기로 이루어져 있습니다.

가을

1. 여기는 우리나라

▲ 기와집

▲ 초가집

◆ 무궁화

• 어디서나 잘 자라고 석 달 동안 피는 꽃입니다.
• 우리 민족의 근면한 면과 닮아 우리나라를 상징하는 꽃입니다.

낱말 풀이

❶ **황토흙** 누렇고 거무스름한 흙

❷ **문양** 무늬의 생김새

❷ **훈장** 나라와 사회에 크게 공헌한 사람에게 국가 원수가 수여하는 것

● **재미난 우리 놀이** ← 땅따먹기 놀이도 있습니다.

① 술래잡기: 여러 아이들 중에서 한 아이가 술래가 되어 숨은 아이를 찾아내는 놀이입니다.
② 사방치기: 넓은 들이나 한길에 여러 모양의 그림을 그려 놓고, 순서에 따라 돌을 차며 가거나, 주워 던지며 노는 놀이입니다.

● **얼씨구나 우리 노래**

① '남생아 놀아라' 노래는 한 장단에 박을 두(네) 번 치며 노래를 부릅니다.
② 손뼉, 소고, 윷가락, 징 등으로 박을 칩니다.

● **맛나고 정겨운 우리 음식**

① 우리 전통 음식: 갈비, 삼계탕, 김치, 비빔밥, 잡채 등이 있습니다.
② 우리 전통 음식 소개하기: 소개할 음식을 정하기 ➡ 사진이나 그림 찾기 ➡ 사진을 붙이거나 그림을 그리고 소개글 쓰기

● **아름다운 우리 그릇**

① 지점토로 둥근 밑판을 만듭니다.
② 공처럼 만든 지점토를 손바닥으로 굴려 뱀처럼 길게 늘입니다.
③ 길게 늘인 지점토를 말아 올리며 다듬습니다.
④ 색점토로 무늬를 만들어 붙입니다.

● **조상의 지혜가 담긴 우리 집** ← 우리 조상들은 주변에서 쉽게 구할 수 있는 재료로 집을 만들었습니다.

① **황토흙**을 이용하여 벽을 만들어 습도가 조절되고 자연적으로 환기가 이루어지며, 여름철에는 시원하고 겨울철에는 따뜻합니다.
② **창호지 문**은 공기와 햇빛이 통과되어 사람들의 건강에 좋습니다.
③ **온돌**을 사용하면 습기가 차지 않고 방바닥을 고루 데워 줍니다.

● **알록달록 우리 문양**

① 문양을 색칠한 뒤 오려 색도화지에 붙입니다.
② 색도화지 위아래에 수수깡을 붙입니다.
③ 수수깡에 실을 매어 전시합니다.

● **우리나라 국기, 태극기**

① 태극기는 흰색 바탕에 가운데 **태극 문양과 네 모서리의 건곤감리 4괘**로 구성되어 있습니다.
② 가운데 태극 문양의 파란색과 빨간색은 음과 양의 조화를 상징하고, 네 모서리의 4괘는 음과 양이 서로 변화하고 발전하는 모습을 나타낸 것입니다.

우리나라 노래, 애국가

→ 애국가는 바른 자세로 서서 나라를 사랑하는 마음으로 큰 소리로 씩씩하게 불러야 합니다.

① 1절: 우리나라가 영원히 발전하기를 바란다는 의미입니다.

② 2절: 우리의 뜻과 힘이 늘 푸르고 신성하기를 바란다는 의미입니다.

③ 3절: 우리의 꿈과 희망은 늘 한결같다는 의미입니다.

④ 4절: 마음으로 나라에 충성하고, 늘 나라를 사랑하자는 의미입니다.

우리나라 꽃, 무궁화

① 분홍색, 흰색, 보라색 등의 꽃이 핍니다.

② 깃대의 깃봉❸, 훈장, 상장 등에 무궁화 모양을 활용하고 있습니다.

우리나라를 소개해요

① 도화지를 길게 자르고 반으로 두 번 접습니다.

② 조사한 내용으로 도화지를 꾸밉니다. → 무궁화, 태극기, 김치, 한글, 이순신 장군, 세종 대왕, 태권도 등에 대한 자료를 조사합니다.

③ 도화지를 세워서 전시합니다.

무엇이 똑같을까

① 남한은 어린이날이 5월 5일이고, 북한은 어린이를 위한 날이 두 번 있습니다.

② 남한은 여행이 자유롭지만 북한은 여행 증명서가 있어야 합니다.

③ 남한은 자기가 하고 싶은 일을 할 수 있지만, 북한은 지정해 준 곳에서 일을 해야 합니다.

같은 놀이, 다른 노래

① '다리 빼기' 노래: 친구 여럿이 서로 마주 보고 다리를 번갈아 두고 앉아 부르는 노래입니다.

② 다리 빼기 놀이

  • 두 모둠이 마주 앉아 다리를 번갈아 폅니다.

  • 다리를 차례로 짚어 가며 노래를 부릅니다.

  • 노랫말 끝말에 짚은 다리를 접습니다. → 두 다리를 먼저 접는 사람이 이깁니다.

우리는 한민족

→ 민족은 한 조상의 핏줄을 같이 이어 온 혈연 공동체입니다.

① 같은 한글을 사용합니다.

② 풍물놀이, 태권도, 연날리기, 명절이 같습니다. → 한복을 입고, 김치를 먹는 것도 같습니다.

→ 우리와 북한이 같은 나라가 되는 것으로 서로 하나가 되어 돕고 사는 것입니다.

통일이 된 우리나라

① 북한에서 친구가 전학을 올 것입니다.

② 북한으로 여행도 갈 수 있습니다.

③ 헤어진 가족이 다시 함께 살 수 있습니다.

바로바로 체크

1 우리나라를 대표하는 옷은 무엇인지 쓰세요.

( )

2 우리 조상들이 살던 집의 재료가 아닌 것은 어느 것인가요? ( )

① 짚 　　② 돌

③ 나무 　　④ 시멘트

⑤ 황토흙

3 우리나라를 상징하는 노래는 무엇인지 쓰세요.

( )

4 남한과 북한의 같은 점은 무엇인지 모두 기호를 쓰세요.

> ㉠ 김치를 먹는다.
> ㉡ 한복을 입는다.
> ㉢ 5월 5일은 어린이날이다.
> ㉣ 같은 말과 글을 사용한다.
> ㉤ 자유롭게 여행을 할 수 있다.

( )

5 우리나라와 북한이 하나가 되어 같은 나라가 되는 것을 무엇이라고 하는지 쓰세요.

( )

▶ 정답

1. 한복 　2. ④ 　3. 애국가

4. ㉠, ㉡, ㉣ 　5. 통일

겨울

1 다음은 우리나라 전통놀이 중 무엇인가요?

( )

① 윷놀이　　② 술래잡기
③ 사방치기　④ 땅따먹기
⑤ 연날리기

2 오른쪽과 같이 색종이로 접어 만들 수 있는 것은 한복의 어느 부분인가요?

( )

① 치마　　② 동정
③ 바지　　④ 옷섶
⑤ 저고리

3 '남생아 놀아라' 라는 전래 동요입니다. 앞소리꾼을 정해 남생이 놀이를 할 때, 앞소리꾼이 노래를 부르는 부분은 어디인지 기호를 쓰세요.

㉠	남		생	아	놀	아		라	

㉡	촐		래	촐래	가	잘	논		다	

( )

4 외국에서 온 사촌에게 우리의 전통 음식을 소개하려고 합니다. 소개할 음식으로 알맞지 <u>않은</u> 것은 어느 것인가요? ( )

① 떡　　　　② 한과
③ 김치　　　④ 비빔밥
⑤ 스파게티

 잘 틀려요

5 우리의 그릇을 만드는 모습입니다. 만드는 순서대로 기호를 쓰세요.

㉠　　　　　　　㉡

㉢　　　　　　　㉣

( )

6 전통 집을 지을 때 주로 사용한 재료를 바르게 선으로 이어 보세요.

(1)  ・　・㉠ 짚

(2)  ・　・㉡ 기와

7 전통 문양으로 장식품을 만들 때, 가장 먼저 해야 할 일은 무엇인지 기호를 쓰세요.

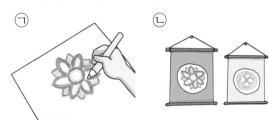

ㄱ ▲ 문양을 색칠합니다.

ㄴ ▲ 수수깡에 실을 매어 전시합니다.

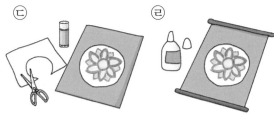

ㄷ ▲ 문양을 오려 색도화지에 붙입니다.

ㄹ ▲ 색도화지 위아래에 수수깡을 붙입니다.

(   )

잘 틀려요

8 태극기에 대한 설명으로 바르지 <u>않은</u> 것은 무엇인가요? (   )

① 우리나라를 상징하는 것이다.
② 태극 모양의 윗부분은 파란색이다.
③ 태극기의 흰 바탕은 우리의 민족성을 나타낸다.
④ 학교, 공공 기관, 세계적인 행사가 열릴 때 태극기를 단다.
⑤ 태극기 주변 네 모서리의 4괘는 하늘, 땅, 물, 불을 의미한다.

9 애국가의 후렴 부분입니다. 빈칸에 들어갈 노랫말은 무엇인지 쓰세요.

◯ - ◯ 삼 - 천 리
화 려 강 - 산
대 한 사 람 대 한 - 으 로
길 이 보 전 하 세

(   )

10 애국가를 부르는 자세로 바른 것은 어느 것인가요? (   )

① 고개를 숙이고 부른다.
② 박수를 치면서 부른다.
③ 작은 목소리로 조용하게 부른다.
④ 나라를 사랑하는 마음으로 부른다.
⑤ 친구와 장난을 치며 즐겁게 부른다.

11 오른쪽 무궁화 장식품을 만드는 데 필요한 준비물은 무엇인가요? (   )

① 나무　　② 색종이
③ 지점토　④ 색연필
⑤ 색도화지

12 '아름다운 나라' 노래입니다. 빈칸에 공통으로 들어갈 노랫말을 쓰세요.

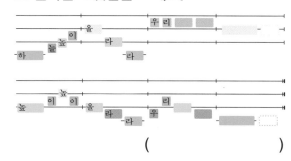

(   )

서술형

13 우리나라를 소개할 때 소개하고 싶은 내용을 한 가지 쓰세요.

_____

겨울

잘 틀려요

14 북한에서 볼 수 있는 생활 모습을 모두 골라 기호를 쓰세요.

> ㉠ 소년단 간부를 선생님이 정한다.
> ㉡ 일하는 곳을 정해 준다.
> ㉢ 여행을 자유롭게 다닌다.
> ㉣ 어린이날이 5월 5일이다.
> ㉤ 학급 회장을 우리가 뽑는다.

( )

15 어떤 놀이를 하는 모습인가요? ( )

① 공기놀이   ② 끝말잇기 놀이
③ 강강술래   ④ 다리 빼기 놀이
⑤ 숨바꼭질

중요

16 남한과 북한의 공통점이 <u>아닌</u> 것은 어느 것인가요? ( )

① 명절이 같다.
② 조상이 같다.
③ 김치를 먹는다.
④ 어린이날이 같다.
⑤ 한글을 사용한다.

17 남한과 북한이 같은 민족인 까닭을 한 가지 쓰세요.

_____

18 다음에서 설명하는 것은 무엇인지 쓰세요.

> 우리와 북한이 서로 하나가 되어 돕고 사는 같은 나라가 되는 것이다.

( )

19 통일을 위해 내가 할 수 있는 일로 바른 것은 ○표, 바르지 <u>않은</u> 것은 ×표를 하세요.

(1) 북한 친구들에게 편지를 씁니다. ( )
(2) 통일 행사에 적극적으로 참여합니다.
( )
(3) 우리와 북한은 다른 민족이라는 것을 잊지 않습니다. ( )

20 통일을 바라는 마음을 적어 통일 비행기를 날릴 때 비행기에 적을 내용으로 알맞은 것은 무엇인가요? ( )

① 백두산에 가고 싶다.
② 장난감을 사고 싶다.
③ 동생을 잘 돌보겠다.
④ 음식을 골고루 먹겠다.
⑤ 엄마 말씀을 잘 듣겠다.

수·행·평·가

1 우리나라 노래, 애국가입니다. 빈칸에 알맞은 노랫말을 쓰세요.

동해물과 ㉠ ☐☐☐ 이 ㉡ ☐☐☐ 닳도록
하느님이 보우-하사
㉢ ☐☐☐☐ 만세

㉣ ☐-☐☐ 삼-천리
화려 ㉤ ☐-☐
대한사람 대한-으로
길이 ㉥ ☐☐☐☐

㉠: ( )
㉡: ( )
㉢: ( )
㉣: ( )
㉤: ( )
㉥: ( )

• 우리나라를 상징하는 것

▲ 무궁화

깃봉-무궁화 봉오리
건-하늘   감-물
양
음
밝음과
순수
이-불   곤-땅

▲ 태극기

겨울

2 남한과 북한의 생활 모습입니다. 알맞은 것을 골라 기호를 쓰세요.

㉠ 학급 회장을 우리가 뽑습니다.

㉡ 어린이를 위한 날이 두 번 있습니다.

㉢ 여행을 가려면 증명서가 필요합니다.

㉣ 여행을 자유롭게 다닙니다.

㉤ 어린이날은 5월 5일입니다.

㉥ 일하는 곳을 정해 줍니다.

(1) 북한의 생활 모습: ( )

(2) 남한의 생활 모습: ( )

• 남한과 북한이 같은 민족인 까닭

• 조상이 같습니다.
• 한반도에 삽니다.
• 김치를 먹습니다.
• 같은 글과 말을 사용합니다.
• 풍물놀이, 태권도, 연날리기, 명절이 같습니다.

겨울 **95**

2. 우리의 겨울

❖ 눈 결정 만들기

 1
 2

 3
 4

 5
 6

7

❖ 비밀 친구에게 줄 편지

꽁꽁꽁, 땅이 얼었어요

① 겨울철 우리 주변의 얼음: 처마 밑의 얼음이 언 모습, 도로가 언 모습, 호수가 언 모습 등을 볼 수 있습니다.

② 얼음 살펴보기: 눈으로 살펴보고 손으로 만져 보고 코로 냄새를 맡아 봅니다.

추워도 신나요

① 딱지 만들기
- 두꺼운 종이 두 장을 반으로 접고 엇갈리게 놓습니다.
- 같은 방향으로 접고, 마지막 칸에 끼웁니다.

② 팽이 만들기: 색종이, 시디, 골판지를 이용하여 팽이를 만듭니다.

겨울 놀이터에서

① 딱지치기 방법 ── 잃은 사람은 다시 딱지 한 개를 바닥에 놓고, 뒤집기에 실패하면 자기 딱지는 그 자리에 둔 채 다음 사람에게 기회가 넘어갑니다.
- 가위바위보로 순서를 정하고 진 사람이 땅바닥에 딱지 한 장을 내놓습니다.
- 이긴 사람은 자기 딱지를 들고 상대방의 딱지 위나 옆을 힘껏 내리쳐 상대의 딱지가 넘어가면 내가 갖고 다시 계속합니다.

② 팽이치기 방법: 이쑤시개의 끝이나 ❶면봉의 끝부분을 잡고 똑바로 세워서 힘껏 돌립니다. ── 종이 팽이 ── 골판지 팽이

동장군이 왔어요

겨울 날씨에 따른 생활 도구	추워요	장갑, 목도리, 귀마개, 마스크, 모자, 단열 뽁뽁이, 난로
	땅이 얼어요	제설제, 타이어체인, 모래, 눈길 덧신
	건조해요	보습제, 가습기

추운 겨울을 건강하게

① 물을 자주 마십니다.

② 하루 세 번 이상 ❷환기를 합니다. ── 밖으로 나갈 때는 따뜻하게 옷을 입습니다.

③ 춥다고 실내에만 있지 않고, 밖에 나가서 즐겁게 뛰어놉니다.

온 세상이 하얗게 바뀌었어요

① 연날리기: 연, 얼레

② 썰매: 썰매, 썰매 스틱

③ 스키: 스키, 스키복, 헬멧, 고글, 스키 장갑

✎ 낱말 풀이

❶ 면봉 끝에 솜을 말아 붙인 가느다란 막대

❷ 환기 탁한 공기를 맑은 공기로 바꿈.

❸ 수비 공격을 막아서 지킴.

🍀 눈사람을 만들어요
① 색종이, 골판지로 만듭니다.
② 스티로폼 공, 플라스틱 뚜껑으로 만듭니다.

🍀 쌓인 눈을 치우며
① 배려: 남을 생각하는 마음으로 남이 불편해하지 않도록 미리 생각해 행동하는 것입니다.
② 배려하는 행동 예
  • 쓰레기는 꼭 쓰레기통에 버립니다.
  • 친구에게 잘못을 했을 때 먼저 사과를 하고, 친구의 사과를 기분 좋게 받아 줍니다.
  ┌─ 눈덩이를 적당한 크기로 만들고, 눈 속에 다른 물건을 넣지 않으며 얼굴에 던지지 않습니다.

🍀 하얀 겨울을 즐겨요
① 눈이 내리면 운동장에서는 눈싸움 놀이를, 교실에서는 신문지 눈싸움 놀이를 할 수 있습니다.
② 신문지 눈싸움 놀이: 책상이나 의자로 공간을 나눕니다. ➤ 신문지를 구깁니다. ➤ 놀이가 끝나면 신문지를 펴서 정리합니다.
  ┌─ 학교 밖에서는 할머니의 어깨를 주물러 드리고, 자선 냄비에 내 용돈을 넣는 등의 나눔을 실천할 수 있습니다.

🍀 우리 이웃을 둘러봐요 예
① 팔을 다친 친구의 가방을 들어 줍니다.
② 무거운 물건을 들고 가는 선생님을 도와드립니다.
③ 운동장 주변의 쓰레기를 줍는 활동을 할 수 있습니다.

🍀 비밀 친구가 되어 예
① 친구 자리를 청소해 줍니다.
② 몸이 아픈 친구를 보건실에 데려다 줍니다.
③ 책상을 옮길 때 같이 옮겨 줍니다.

🍀 다 함께 즐겨요
① 공 피하기 놀이: 굴러오는 공을 눈덩이라 생각하고 공을 피하며 살아남는 놀이입니다.
  ┌─ 공을 던지지 않고 굴립니다.
② 교실 바닥에 둥그런 원을 그리고 공격 편은 원 바깥에 둥그렇게 앉고 수비 편은 원 안에 들어가 서 있습니다.
  ┌─ 절대로 공을 만지지 않습니다.
③ 공격 편은 공을 굴려서 수비 편을 맞추고 수비 편은 굴러오는 공을 피합니다.
④ 공에 맞은 사람은 원 밖으로 나와 한 줄로 앉아 있습니다.

바로바로체크

1 다음과 같은 모습을 볼 수 있는 계절은 언제인지 쓰세요.

  • 처마 밑의 고드름
  • 얼어 있는 호수
  • 나뭇가지의 얼음

  (   )

2 겨울철 주변 사람들의 생활 모습이 아닌 것은 어느 것인가요? (   )
① 에어컨을 켠다.
② 제설함을 설치한다.
③ 나무를 짚으로 싸맨다.
④ 털장갑과 목도리를 한다.
⑤ 난로에 고구마를 구워 먹는다.

3 친구를 도와주는 일로 바른 것은 ○표, 바르지 않은 것은 ×표를 하세요.
(1) 친구의 숙제를 대신 해 줍니다.   (   )
(2) 몸이 아픈 친구를 보건실에 데려다 줍니다.   (   )
(3) 무거운 물건을 드는 친구를 도와 함께 듭니다.   (   )

▶ **정답**

1. 겨울   2. ①   3. (1) ×   (2) ○   (3) ○

1 다음에서 설명하는 것은 무엇인지 쓰세요.

> • 여러 가지 모양이다.
> • 음료수에 넣으면 음료수가 시원해진다.
> • 겨울에 처마 밑, 호수 등에서 볼 수 있다.

(　　　　　　)

2 다음과 같이 만드는 겨울 놀이 도구는 무엇인가요? (　　)

① 연　　　　　　② 팽이
③ 딱지　　　　　④ 썰매
⑤ 화살

서술형

3 내가 만든 놀이 도구로 친구들과 즐겁게 놀이를 할 수 있는 방법을 한 가지 쓰세요.

_____

4 팽이처럼 한쪽 다리로 균형을 잡는 모습이 아닌 것은 어느 것인지 기호를 쓰세요.

(　　　　　　)

5 겨울에 사용하는 생활 도구가 아닌 것은 무엇인가요? (　　)

① 난로　　　　　② 연탄
③ 선풍기　　　　④ 온풍기
⑤ 오리털 점퍼

중요

6 겨울 날씨에 따른 알맞은 생활 도구를 선으로 바르게 이어 보세요.

(1) 추워요 ・　　・㉠ 제설제, 모래

(2) 건조해요 ・　　・㉡ 장갑, 난로

(3) 땅이 얼어요 ・　　・㉢ 가습기, 보습제

7 다음은 무엇을 만든 것인지 쓰세요.

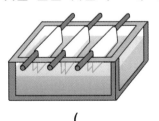

(　　　　　　)

8 겨울철을 건강하게 보내는 모습을 모두 골라 기호를 쓰세요.

> ㉠ 물을 적당히 마신다.
> ㉡ 창문을 열지 않는다.
> ㉢ 되도록 실내에만 있는다.
> ㉣ 밖으로 나갈 때는 옷을 따뜻하게 입는다.

( )

9 다음과 같이 눈을 관찰하는 데 필요한 도구는 무엇인지 쓰세요.

( )

10 밑줄 친 노랫말을 몸으로 표현한 모습으로 알맞은 것을 골라 ○표 하세요.

> 송이 송이 내려오는 하얀 솜 눈을
> 자세히 자세히 살펴보셔요.
> 하늘나라 아기들의 고운 맘씨가
> 송이마다 반짝반짝 박혀 있지요.

(1)  (2)

( )   ( )

11 오른쪽과 같은 도구가 필요한 겨울 놀이는 어느 것인가요? ( )

① 팽이치기
② 연날리기
③ 딱지치기
④ 눈싸움하기
⑤ 눈썰매 타기

12 오른쪽과 같은 눈사람을 만드는 데 사용한 재료는 무엇인가요?

( )

① 물감
② 색종이
③ 골판지
④ 스티로폼 공
⑤ 플라스틱 뚜껑

13 다음 노래의 제목은 무엇인지 쓰세요.

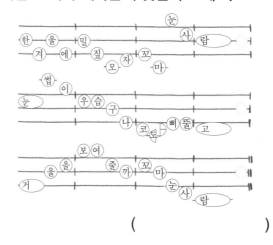

( )

14 다른 사람을 배려하는 행동이 <u>아닌</u> 것을 모두 골라 기호를 쓰세요.

> ㉠ 가게 앞에 눈이 쌓여 있다.
> ㉡ 쓰레기는 쓰레기통에 버린다.
> ㉢ 친구의 사과를 기분 좋게 받아 준다.
> ㉣ 짐을 든 친구를 위해 문을 잡아 주었다.
> ㉤ 복도를 지나가는데 친구가 앞을 막고 있다.

( )

15 친구를 배려하는 행동은 어느 것인지 기호를 쓰세요.

㉠  ㉡

㉢  ㉣

( )

16 친구들과 눈싸움을 할 때 조심해야 할 행동을 한 가지 쓰세요.

_____

17 겨울의 모습을 그릴 때 주제로 알맞지 <u>않은</u> 것은 무엇인가요? ( )

① 벚꽃 구경 ② 얼음낚시
③ 스키장에서 ④ 눈 오는 날
⑤ 눈썰매 타기

18 친구에게 도움을 주거나 도움을 받으면 어떤 기분이 드나요? ( )

① 슬프다.
② 기분이 좋다.
③ 아무 생각이 없다.
④ 친구에게 화가 난다.
⑤ 다른 친구를 도와주고 싶지 않다.

19 공 피하기 놀이의 규칙으로 바른 것은 어느 것인가요? ( )

① 공격은 공을 세게 던진다.
② 수비와 공격은 바뀌지 않는다.
③ 공격은 절대 공을 만지지 않는다.
④ 공격은 원 안에 수비는 원 밖에 있다.
⑤ 공을 맞으면 원 밖으로 나가 앉아 있다.

20 하트 모양 편지를 만드는 방법을 순서대로 기호를 쓰세요.

㉠  ㉡

㉢   ㉣

( )

① 다음은 겨울에 필요한 생활 도구입니다. 옛날의 생활 도구와 오늘날의 생활 도구로 나누어 쓰세요.

> 솜옷, 오리털 점퍼, 화로, 가습기,
> 전기난로, 털방석, 전기방석, 물수건

옛날의 생활 도구	오늘날의 생활 도구

■ 옛날과 오늘날의 생활 도구 변화
• 화로에서 난로로 바뀌었습니다.
• 솜옷에서 오리털 점퍼로 발전했습니다.
• 털방석에서 전기방석으로 발전했습니다.

■ 생활 도구가 변해 온 까닭
• 기술이 발달했기 때문입니다.
• 더 따뜻한 생활 도구가 필요하기 때문입니다.
• 더 편리한 도구가 필요하기 때문입니다.

겨울

② 겨울과 관련된 나의 경험을 그림으로 나타내 보세요.

■ 겨울과 관련된 경험 ⑩
• 눈사람 만들기
• 스케이트 타기
• 눈썰매 타기

쉬는 시간

밀 이야기

외숙모, 지금 뭐 만들고 있어요?

응, 새참으로 국수를 만들고 있는 중이야.

이걸로 국수를 만든다고요?

그럼, 직접 손으로 밀가루를 반죽하여 국수로 만들면 얼마나 맛이 좋은데.

밀가루요?

응, 밀은 주로 서양에서 빵을 만드는 재료로 사용하지만, 우리나라에서는 국수나 부침개 재료로 많이 쓰고 있단다.

그럼 밀도 오래된 곡식인가요?

밀은 인류가 농사를 처음 시작한 1만~1만 5000년 전에 이미 등장하였으며, 터키나 메소포타미아 지역에서 약 7000년 전부터 재배한 중요한 곡식이야.

또 밀이 우리나라에 언제 들어왔는지는 정확하지 않지만, 삼국시대에 이미 재배를 하였을 정도로 오래되었어.

그럼 외숙모, 밀도 보리처럼 먹으면 방귀가 자주 나오나요?

그, 글쎄다.

마무리 평가

차례

1~2

나는 책이 좋아요.

만화책이나 색칠하기 책도 좋아요.

두꺼운 책도 얇은 책도 좋아요.

공룡 이야기책이나 괴물 이야기책도 물론 좋지요.

우주 이야기책도 좋고 해적이 나오는 책도 좋아요.

[1. 소중한 책을 소개해요]

1 이 글에서 글쓴이가 좋아하는 책을 모두 고르세요. (　　,　　,　　)

① 노래책
② 두꺼운 책
③ 입체 그림책
④ 괴물 이야기책
⑤ 공룡 이야기책

[1. 소중한 책을 소개해요]

2 글쓴이가 읽은 책과 비슷한 경험을 말한 것에 ○표를 하세요.

(1) 동물이 주인공인 만화책을 읽었는데 너무 재미있었어. (　　)

(2) 동물 머리가 툭 튀어나오는 책을 보고 깜짝 놀랐어. (　　)

(3) 나무가 그려져 있는 책을 읽고 나무에 대해서 많이 알게 되었어. (　　)

(3~4) 다음 그림을 보고 물음에 답하세요.

[2. 소리와 모양을 흉내 내요]

3 이 그림의 내용으로 알맞지 않은 것은 무엇인가요? (　　)

① 새싹이 돋아난다.
② 가족이 공원에 갔다.
③ 강아지가 멍멍 짖는다.
④ 가족이 즐겁게 음식을 먹는다.
⑤ 고추잠자리가 윙윙 날아다닌다.

[2. 소리와 모양을 흉내 내요]

4 이 그림에서 단풍의 모습을 흉내 내는 말은 무엇인가요? (　　)

① 깔깔　　　　② 윙윙
③ 멍멍　　　　④ 냠냠
⑤ 울긋불긋

[3. 문장으로 표현해요]

5 다음 빈칸에 알맞은 따옴표를 써넣으세요.

	집에 가서 뭐 할 거야?	

[3. 문장으로 표현해요]

6 오른쪽 그림을 보고 문장을 만들어 쓰세요.

_____

_____

_____

7~8

　하루는 아버지가 딸 셋을 한자리에 불러 이렇게 말했어요.
　㉠"이제 너희도 많이 컸으니 내년엔 할아버지 생신 선물을 준비해 보아라."
　그러고는 콩 한 알씩을 나눠 주었어요.
　"작디작은 콩 한 알로 선물을 준비하라고? 말도 안 돼."
　큰딸은 콩을 창밖으로 던져 버렸어요.

[4. 바른 자세로 말해요]

7 아버지께서 딸 셋에게 준 것은 무엇인지 쓰세요.

(　　　　　)

[4. 바른 자세로 말해요]

8 ㉠에 알맞은 목소리는 어느 것인가요?

(　)

① 슬픈 목소리
② 신나는 목소리
③ 자상한 목소리
④ 화가 난 목소리
⑤ 비웃는 듯한 목소리

9~10

　우리들은 집에 즐거운 일이 있으면
　다 부릅니다.
　얘들아, 우리 집에 와.

　참새를 만나면
　참새야, 너도 와.

　노랑나비를 만나면
　노랑나비야, 너도 와.

　집에 즐거운 일이 있으면
　집이 꽉 찹니다.

[5. 알맞은 목소리로 읽어요]

9 이 시에서 누구누구를 불렀나요?

(　　 , 　　)

① 참새
② 오리
③ 잠자리
④ 강아지
⑤ 노랑나비

[5. 알맞은 목소리로 읽어요]

10 이 시를 읽을 때는 어떤 마음을 떠올려 읽어야 할까요? (　)

① 외로운 마음
② 슬픈 일이 있을 때의 마음
③ 서운한 일이 있을 때의 마음
④ 아쉬운 일이 있을 때의 마음
⑤ 즐거운 일이 있을 때의 마음

마무리 평가

서술형 [6. 고운 말을 해요]

11 다음 그림에서 지우가 주선이의 기분을 생각하며 어떻게 말해야 할지 쓰세요.

지우야, 우리 책 바꾸어 읽자.

주선   지우

_____

_____

[6. 고운 말을 해요]

12 다음 그림에 알맞은 인사말은 무엇인가요?
(   )

인사드리렴. 엄마 친구분이셔.

① 오랜만입니다.
② 만나서 반가워.
③ 안녕. 난 김민아야.
④ 아주머니는 누구세요?
⑤ 안녕하세요? 저는 김민아입니다.

13~15

기다리던 토요일 아침이다. 우리 가족은 놀이 공원으로 출발했다. 회전목마를 탈 생각을 하니 마음이 설렜다.

사람들이 서 있는 줄이 길어도 회전목마를 탈 생각에 신이 났다. 드디어 회전목마를 탈 차례가 되었다. 어머니와 나는 말 등에 타고, 동생과 아버지는 마차에 탔다. 처음에는 말이 오르락내리락 움직이는 게 조금 무서웠다. 하지만 시간이 지나니 무섭지 않고 재미있었다.

솜사탕을 먹고 있는 친구들이 부러웠다. 내 마음을 아셨는지 어머니께서 솜사탕을 사 주셨다. 공룡 모양의 솜사탕이 달콤했다.

[7. 무엇이 중요할까요]

13 이 글은 언제 일어난 일인지 쓰세요.

(   )

[7. 무엇이 중요할까요]

14 회전목마를 탈 생각을 할 때 어떤 마음이 들었나요? (   )

① 설렜다.
② 짜증이 났다.
③ 집에 가고 싶었다.
④ 회전목마가 싫어졌다.
⑤ 솜사탕 먹는 친구들이 부러웠다.

서술형 [7. 무엇이 중요할까요]

15 이 글에서 일어난 일을 차례대로 정리할 때 빈칸에 알맞은 말을 쓰세요.

| 가족과 함께 놀이공원에 갔다. | ⇨ |

| 가족과 함께 회전목마를 탔다. | ⇨ |

| |

[8. 띄어 읽어요]

16 글을 바르게 띄어 읽어야 하는 까닭에 ◯표를 하세요.

(1) 글을 빨리 읽을 수 있습니다. ( )

(2) 뜻을 쉽게 이해할 수 있습니다. ( )

(3) 재미있는 부분을 찾을 수 있습니다.

( )

[8. 띄어 읽어요]

17 다음 글을 읽고 띄어 읽어야 할 부분에 ∨를 하고 바르게 띄어 읽으세요.

개미들이 줄 ㉠( ) 지어 가는 ㉡( ) 것을 보았다. ㉢( ) 어디로 가는 것일까? ㉣( ) 개미를 따라가 보니 하나의 ㉤( ) 구멍으로 들어갔다.

18~19

동생이랑 놀이터에서 모래 장난을 하며 재미있게 놀고 있었다. 그러다가 동생이 뿌린 모래가 내 눈에 들어갔다. 나는 눈이 따갑고 아파서 동생에게 화를 냈다. 동생은 엉엉 울었다. 동생을 울렸다고 엄마한테 꾸중을 들었다. 동생이 먼저 잘못한 건데 나만 꾸중을 들어서 억울했다.

[9. 겪은 일을 글로 써요]

18 이 글에서 '내'가 겪은 일은 무엇인가요?

( )

① 친구들과 공놀이를 했다.

② 동생과 모래 장난을 했다.

③ 가족과 함께 공원에 갔다.

④ 공원에서 자전거를 탔다.

⑤ 공원에서 달리다가 넘어졌다.

[9. 겪은 일을 글로 써요]

19 이 글에서 '나'의 기분은 어떻게 바뀌었나요? ( )

① 억울했다. → 화가 났다. → 즐거웠다.

② 즐거웠다. → 화가 났다. → 억울했다.

③ 즐거웠다. → 억울했다. → 화가 났다.

④ 억울했다. → 즐거웠다. → 화가 났다.

⑤ 화가 났다. → 즐거웠다. → 억울했다.

[10. 인물의 말과 행동을 상상해요]

20 다음 만화 영화에 나오는 뽀로로의 행동을 바르게 따라 한 것에 ◯표를 하세요.

기지개를 켜는 뽀로로

(1)  (2)

( ) ( )

마무리 평가

[1. 100까지의 수]

1 □ 안에 알맞은 수를 써넣으세요.

10개씩 묶음이 □ 개이므로

□ 입니다.

[1. 100까지의 수]

2 알맞게 이어 보세요.

(1) 육십칠 •   • ㉠ 67

(2) 일흔아홉 •   • ㉡ 87

(3) 여든일곱 •   • ㉢ 79

[1. 100까지의 수]

3 두 수의 크기를 비교하여 ○ 안에 >, <를 써넣고, 알맞은 말에 ○표 하세요.

83 ○ 69

83은 69보다 (작습니다 , 큽니다).
69는 83보다 (작습니다 , 큽니다).

[1. 100까지의 수]

4 빈칸에 알맞은 수를 써넣으세요.

[2. 덧셈과 뺄셈(1)]

5 그림을 보고 □ 안에 알맞은 수를 써넣으세요.

24+□ = □

[2. 덧셈과 뺄셈(1)]

6 합이 더 큰 것을 찾아 기호를 써 보세요.

㉠ 53+32   ㉡ 66+20

(   )

[2. 덧셈과 뺄셈(1)]

7 빈칸에 알맞은 수를 써넣으세요.

47	5	
85	53	

서술형

8 문구점에 연필이 79자루 있습니다. 그중에서 56자루를 팔았다면 남은 연필은 몇 자루인지 풀이 과정을 쓰고 답을 구하세요.

_____

_____

_____

(   )자루

9 ■ 모양을 모두 찾아 기호를 써 보세요.

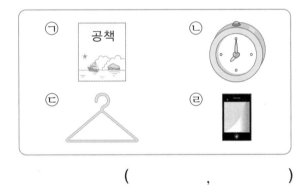

(,   )

10 ■, ▲, ● 모양 중에서 가장 많이 이용한 모양에 ○표 하세요.

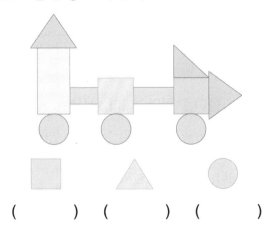

(   ) (   ) (   )

11 그림에 알맞은 식을 만들고 계산해 보세요.

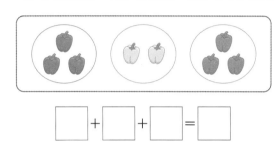

☐ + ☐ + ☐ = ☐

12 합이 같은 것끼리 이어 보세요.

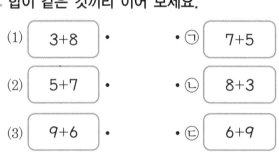

(1) 3+8 •   • ㉠ 7+5

(2) 5+7 •   • ㉡ 8+3

(3) 9+6 •   • ㉢ 6+9

서술형

13 준영이는 빨간색 구슬 7개와 파란색 구슬 3개를 가지고 있습니다. 이 중에서 동생에게 4개를 주었다면 남은 구슬은 몇 개인지 풀이 과정을 쓰고 답을 구하세요.

_____

_____

_____

(   )개

14 밑줄 친 두 수의 합이 10이 되도록 ○ 안에 수를 써넣고 계산해 보세요.

6+7+○ = ☐

15 그림을 보고 ☐ 안에 알맞은 수를 써넣으세요.　　　[5. 시계 보기와 규칙 찾기]

세윤이는 ☐ 시에 책을 읽었습니다.

16 민재는 3시 30분에 집에 도착했습니다. 그 시각을 시계에 나타내어 보세요.　　　[5. 시계 보기와 규칙 찾기]

17 규칙에 따라 빈칸에 알맞은 수를 써넣으세요.　　　[5. 시계 보기와 규칙 찾기]

| 2 | 4 | 6 | | 10 | |

18 규칙에 따라 빈칸에 들어갈 펼친 손가락은 모두 몇 개인지 풀이 과정을 쓰고 답을 구하세요.　　　[5. 시계 보기와 규칙 찾기]

_____

_____

_____

(　　　　　)개

19 덧셈을 해 보세요.　　　[6. 덧셈과 뺄셈(3)]

(1) 9+7= ☐

(2) 8+6= ☐

20 수 카드에 적힌 두 수의 차가 큰 사람이 이기는 놀이를 하였습니다. 선우는 12 와 5 를 골랐고, 지은이는 13 과 7 을 골랐습니다. 누가 이겼을까요?　　　[6. 덧셈과 뺄셈(3)]

(　　　　　)

가을

[1. 내 이웃 이야기]

1 이웃 어른을 만났을 때 알맞은 인사 방법을 모두 고르세요. (,   )

① 존댓말을 사용한다.

② 반갑게 손만 흔든다.

③ 고개를 숙여 인사한다.

④ "안녕?" 하고 인사한다.

⑤ 눈으로 아는 척만 한다.

[1. 내 이웃 이야기]

2 다음은 어느 곳에서 지킬 일인지 보기 에서 골라 기호와 이름을 쓰세요.

- 큰 소리로 이야기하거나 웃고 떠들지 않는다.
- 정해진 좌석을 찾아서 앉는다.
- 앞좌석을 발로 차지 않는다.

보기

㉠ 도서관   ㉡ 공원

㉢ 영화관   ㉣ 공중화장실

(   )

[1. 내 이웃 이야기]

3 학교에서 친구들과 나눔 장터를 열 때 알맞지 않은 것은 어느 것인가요? (   )

① 옷가게   ② 문구점

③ 신발 가게   ④ 가구점

⑤ 장난감 가게

[1. 내 이웃 이야기]

4 다음 노래의 제목은 무엇인가요? (   )

꿩	꿩	장	서	방
자	네집이	어	딘고	
이산	저산	넘	어서	
솔	밭집이	내집일	세	

① 버스 놀이   ② 정다운 이웃

③ 잠자리 꽁꽁   ④ 길로 길로 가다가

⑤ 꿩 꿩 장 서방

[1. 내 이웃 이야기]

5 사진이나 그림을 오려 붙여 이웃들과 나누어 먹을 음식으로 식탁을 꾸며 보는 활동을 하는 차례대로 기호를 쓰세요.

㉠ 음식 그림이나 사진을 오린다.

㉡ 오린 그림을 교과서에 붙이고 음식을 소개한다.

㉢ 주고 싶은 음식을 생각한다.

(   )

[2. 현규의 추석]

6 '칙칙폭폭 기차놀이' 방법을 설명한 것으로 바르지 않은 것은 어느 것인가요? (   )

① 운동장에 기찻길을 그린다.

② 놀이를 하기 전에 역 이름을 정한다.

③ 줄, 역을 표시하는 깃발 등이 필요하다.

④ 가위바위보를 하여 이긴 사람을 기관사로 정한다.

⑤ 기관사는 역을 돌며 모둠원들을 한 명씩 내리게 한다.

마무리 평가   **111**

[2. 현규의 추석]

7 추석 음식을 만드는 데 사용된 열매들을 알 맞게 선으로 이어 보세요.

(1)  •

• ㉠ 은행

(2)  •

• ㉡ 쌀

(3)  •

• ㉢ 밤

[2. 현규의 추석]

8 가을 잠자리를 보고 한 말입니다. 빈칸에 알맞은 말을 쓰세요.

> 눈 ㉠ 개, 날개 ㉡ 장. 어떤 잠자 리는 빨갛네요?

㉠: (   )

㉡: (   )

서술형

[2. 현규의 추석]

9 풍물놀이 악기 중 한 가지를 골라 악기 소리 를 글로 표현해 보세요.

_____

_____

[2. 현규의 추석]

10 추석에 대한 정보 책을 만들 때 조사하지 않 아도 되는 것은 무엇인가요? (   )

① 추석 음식   ② 추석 때 받는 용돈
③ 추석의 의미   ④ 추석 때 하는 놀이
⑤ 세계 여러 나라의 추석

겨울

[1. 여기는 우리나라]

11 술래잡기 놀이 방법으로 바르지 않은 것은 어느 것인가요? (   )

① 술래는 두 명으로 한다.
② 일정한 장소를 집으로 정한다.
③ 술래는 숨은 사람을 찾아다닌다.
④ 숨은 사람이 술래 몰래 집을 짚으면 계 속 술래를 한다.
⑤ 술래가 열을 세는 동안 다른 사람들은 보이지 않는 곳에 숨는다.

[1. 여기는 우리나라]

12 다음 놀이 방법과 관련 있는 놀이는 무엇인 가요? (   )

> • 각자 한구석을 정한 뒤 뼘이나 발뒤꿈치 를 중심으로 빙글 돌려 자기 집을 그린다.
> • 자기 집에서 망을 튀겨 튀긴 지 세 번 만 에 집에 돌아오면 망이 지나간 자리의 안 쪽이 자기 집이 된다.

① 비사치기   ② 땅따먹기 놀이
③ 투호 놀이   ④ 술래잡기 놀이
⑤ 사방치기 놀이

[1. 여기는 우리나라]

13 오른쪽은 우리나라를 상징하는 꽃입니다. 꽃 이름은 무엇인가 요? (   )

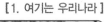

① 장미
② 목련
③ 무궁화
④ 개나리
⑤ 진달래

[1. 여기는 우리나라]

14 우리나라를 소개하는 자료를 만들 때 가장 먼저 해야 할 일은 무엇인가요? ( )

① 소개할 계획을 세운다.

② 우리나라 소개 자료를 만든다.

③ 소개하고 싶은 자료를 정한다.

④ 어떤 방법으로 소개할지 정한다.

⑤ 만든 우리나라 소개 자료를 전시한다.

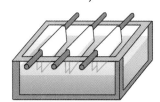

[1. 여기는 우리나라]

15 여러 명이 앉아 다리 빼기 놀이를 할 때 어떤 사람이 이기는지 쓰세요.

_____

[2. 우리의 겨울]

16 딱지치기와 팽이치기를 할 때의 태도로 바르지 않은 것은 어느 것인가요? ( )

① 나무 팽이는 팽이채를 감아서 돌린다.

② 종이 팽이는 종이를 잡고 힘껏 돌린다.

③ 골판지 팽이는 면봉의 끝부분을 잡고 돌린다.

④ 딱지를 쳐서 상대의 딱지가 넘어가면 내가 갖는다.

⑤ 재활용 팽이는 시디의 중심에 붙인 구슬을 잡고 돌린다.

[2. 우리의 겨울]

17 다음과 같은 가습기를 만들 때 필요한 것을 모두 고르세요 (,)

① 풀 　　　　② 페트병

③ 휴지 　　　 ④ 나무젓가락

⑤ 우유갑

[2. 우리의 겨울]

18 눈을 살펴보는 방법으로 바르지 않은 것은 어느 것인가요? ( )

① 발로 밟아 본다.

② 눈으로 살펴본다.

③ 손으로 만져 본다.

④ 돋보기로 살펴본다.

⑤ 입에 넣고 먹어 본다.

[2. 우리의 겨울]

19 다음 노래의 빈칸에 공통으로 들어갈 노랫말은 무엇인지 쓰세요.

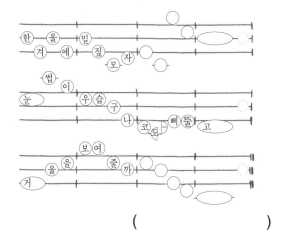

( )

[2. 우리의 겨울]

20 친구들과 교실에서 공 피하기 놀이를 할 때 수비 편이 지켜야 할 규칙은 무엇인가요?

( )

① 공을 만지지 않는다.

② 공을 던지지 않고 굴린다.

③ 원 바깥에 둥그렇게 앉는다.

④ 친구의 무릎 위는 맞추지 않는다.

⑤ 규칙을 어기면 수비 편의 한 명이 부활할 수도 있다.

마무리 평가

1~2

돌잡이는 아기가 여러 가지 물건 가운데에서 한두 개를 잡는 것입니다.

돌잡이상 위에는 쌀, 떡, 책, 붓, 돈, 활, 실 등을 올려놓았습니다. 실을 잡는 아이는 오래 살 것이라고 생각했습니다. 책을 잡는 아이는 공부를 잘하게 될 것이라고 여겼습니다. 또 쌀을 잡는 아이는 부자가 될 것이라고 했습니다.

[1. 소중한 책을 소개해요]

1 아기가 여러 가지 물건 가운데에서 한두 개를 잡는 것을 무엇이라고 하나요? (　　)

① 돌　　　　　② 돌복
③ 돌상　　　　④ 돌잡이
⑤ 돌잔치

[1. 소중한 책을 소개해요]

2 다음 물건에 담긴 뜻을 찾아 선으로 이어 보세요.

(1) 실 •　　　　• ㉠ 오래 살 것이다.

(2) 책 •　　　　• ㉡ 부자가 될 것이다.

(3) 쌀 •　　　　• ㉢ 공부를 잘하게 될 것이다.

[2. 소리와 모양을 흉내 내요]

3 다음 그림에 알맞은 흉내 내는 말은 무엇인가요?　　　　　　　(　　)

 해바라기는 꽃을 ☐☐ 피웠습니다.

① 윙윙　　② 활짝　　③ 쑥쑥
④ 쨍쨍　　⑤ 주룩주룩

[2. 소리와 모양을 흉내 내요]

4 다음 그림을 보고 흉내 내는 말을 사용하여 문장을 만들어 쓰세요.

_____

_____

5~6

마술사가 공연을 시작했습니다.
㉠'어떤 마술을 보여 줄까?'
우리는 궁금해했습니다.
㉡"모두 여기를 보세요."
"모자 속에 무엇이 들어 있을까요?"
마술사의 한마디에 모두 숨죽여 기다렸습니다.
펑!

[3. 문장으로 표현해요]

5 ㉠에 쓰인 따옴표의 이름은 무엇인지 쓰세요.
(　　　　　　　)

[3. 문장으로 표현해요]

6 ㉡은 어떻게 읽어야 하는지 찾아 ◯표를 하세요.

(1) 많은 사람이 듣고 자기를 보도록 크게 읽습니다.　　　　　　　(　　)

(2) 아무도 듣지 못하는 마음속의 말처럼 작게 읽습니다.　　　　　(　　)

7~8

어제는 선생님 말을 제대로 듣지 않아 같은 모둠의 친구들을 화나게 만들기도 했지요.

"어, 토토야! 네가 상자 가져오기로 했잖아?"

"상자? 색종이 아니었어?"

"선생님께서 말씀하실 때 또 딴생각했지? 다른 모둠은 다 멋지게 만드는데 우린 이게 뭐야?"

다행히 선생님이 다른 상자를 구해 주었지만, 토토네 모둠 것은 영 볼품이 없었어요.

[4. 바른 자세로 말해요]

7 친구들이 화가 난 까닭은 무엇인가요?

(   )

① 토토가 친구들을 놀려서

② 토토가 친구들 상자를 망가뜨려서

③ 토토가 만들기를 열심히 하지 않아서

④ 토토가 친구들의 말을 듣지 않고 색종이를 가져오지 않아서

⑤ 토토가 선생님 말씀을 잘 듣지 않고 준비물을 챙겨 오지 않아서

[4. 바른 자세로 말해요]

8 바른 자세로 듣는 방법을 모두 고르세요.

(,   )

① 귀 기울여 듣는다.

② 바닥을 바라보며 듣는다.

③ 말하는 사람을 바라보며 듣는다.

④ 말하는 사람을 재미있게 해 준다.

⑤ 말하는 사람의 말을 따라 하며 듣는다.

9~10

우리들은 집에 즐거운 일이 있으면
다 부릅니다.
얘들아, 우리 집에 와.

참새를 만나면
참새야, 너도 와.

노랑나비를 만나면
㉠노랑나비야, 너도 와.

집에 즐거운 일이 있으면
집이 꽉 찹니다.

[5. 알맞은 목소리로 읽어요]

9 언제 친구들을 다 부른다고 하였나요?

(   )

① 심심할 때

② 놀이를 할 때

③ 슬픈 일이 있을 때

④ 즐거운 일이 있을 때

⑤ 무서운 일이 있을 때

[5. 알맞은 목소리로 읽어요]

10 ㉠은 어떤 느낌을 살려 읽으면 좋을지 기호를 쓰세요.

㉠ 친구에게 설명하듯이 읽는다.

㉡ 안타까워하는 마음을 담아 읽는다.

㉢ 설레는 마음으로 친구를 부르듯이 읽는다.

(   )

[6. 고운 말을 해요]

11 다음 중 고운 말을 모두 찾아 기호를 쓰세요.

㉠ 무슨 맛이 이래?

㉡ 나무님, 감사해요!

㉢ 친구는 무슨 친구!

㉣ 친구들아, 정말 반가워!

(,   )

[6. 고운 말을 해요]

12 다음 그림에서 듣는 사람을 생각하며 영주가 해야 할 말은 무엇인가요? (   )

늦어서 미안해.

선호   영주

① 그럴 줄 알았어.

② 괜찮아. 나도 늦게 왔어.

③ 미안하다는 말 필요 없어.

④ 괜찮아. 나도 다음에는 늦게 올게.

⑤ 괜찮아. 다음에는 약속 시간 꼭 지켜 줘.

13~14

도둑은 모두 잠든 사이 맷돌을 훔쳐 도망을 쳤어요.

도둑은 서둘러 배를 타고 바다를 건너 멀리 도망가다가 외쳤어요.

"나와라, 소금!"

그러자 맷돌에서 하얀 소금이 쏟아져 나왔고, 점점 배 안에 쌓여 갔어요. 소금으로 가득 찬 배는 기우뚱기우뚱하면서 가라앉기 시작했어요.

도둑은 너무 놀라 "멈춰라, 소금!"이라는 말을 잊어버렸어요. 결국, 맷돌은 도둑과 함께 바닷속에 가라앉고 말았어요.

[7. 무엇이 중요할까요]

13 맷돌에서 소금이 나오는데 멈추지 않은 까닭은 무엇인지 빈칸에 알맞은 말을 쓰세요.

• 도둑이 너무 놀라 (   )
이라는 말을 잊어버려서

서술형   [7. 무엇이 중요할까요]

14 이 글에서 도둑이 한 일은 무엇인지 쓰세요.

_____

_____

15~16

비사치기는 돌멩이를 이용한 놀이입니다.㉠ 먼저 평평하고 잘 세워지는 손바닥만 한 돌멩이를 준비합니다.㉡ 두 편으로 나누고 땅바닥에 줄을 긋습니다.㉢ 가위바위보를 하여 진 편은 준비한 돌멩이를 줄 위에 세워 놓습니다. 이긴 편은㉣ 한 사람씩 나와 자신의 돌을 가지고 상대의 돌을 넘어뜨립니다. 돌은 발등이나 배 위에 올려 옮길 수도 있고, 무릎 사이에 끼워 옮길 수도 있습니다. 세워 놓은 상대의 돌멩이를 다 넘어뜨리면 이깁니다.

[8. 띄어 읽어요]

15 비사치기에 대해 바르게 말한 것은 무엇인가요? (   )

① 준비물이 필요 없다.

② 돌을 많이 모으면 이긴다.

③ 돌을 다 넘어뜨리면 이긴다.

④ 돌을 많이 세워 놓으면 이긴다.

⑤ 편을 나누지 않고 하는 놀이이다.

[8. 띄어 읽어요]

16 ㉠~㉣ 가운데에서 바르게 띄어 읽어야 할 부분이 아닌 것의 기호를 쓰세요.

(   )

17~18

나는 체육 시간에 친구들과 운동장에서 달리기를 했다. 모둠을 나누어 이어달리기를 했다. 우리 모둠은 4등으로 꼴찌를 했다. 나는 힘들게 달렸는데도 꼴찌를 한 것이 실망스러워 아무 말도 하지 않고 있었다. 그런데 친구들이 "힘내! 다음 기회가 있잖아."라고 말해 주어서 다시 기분이 좋아졌다.

[9. 겪은 일을 글로 써요]

17 '내'가 아무 말도 하지 않은 까닭은 무엇인가요? (　　)

① 친구들이 놀린 것이 속상해서
② 이어달리기에서 일등을 한 것이 기뻐서
③ 친구들이 위로해 주지 않아서 서운해서
④ 이어달리기를 할 생각이 긴장이 되어서
⑤ 이어달리기에서 꼴찌를 한 것이 실망스러워서

서술형

[9. 겪은 일을 글로 써요]

18 이 글에 알맞은 제목을 붙여 쓰세요.

_____

_____

19~20

아이들은 귀가 쫑긋쫑긋한 토끼를 만났어요.
"토끼야, 별을 삼킨 괴물이 어떻게 생겼는지 알고 있니?"
토끼가 대답했어요.
"글쎄, 새가 노래하는 모습을 보느라 잘 보지 못했어. 그런데 나처럼 작은 소리도 잘 들을 수 있는 쫑긋쫑긋 귀를 가지고 있었어."
아이들은 갈기가 북슬북슬한 사자를 만났어요.
"사자야, 별을 삼킨 괴물이 어떻게 생겼는지 알고 있니?"
사자가 대답했어요.
"글쎄, 갈기를 빗느라 잘 보지 못했어. 그런데 나처럼 북슬북슬한 갈기를 가지고 있었어."

[10. 인물의 말과 행동을 상상해요]

19 아이들이 알고 싶어 하는 것은 무엇인가요? (　　)

① 괴물이 어떻게 생겼을까?
② 괴물의 친구는 누구일까?
③ 괴물은 무엇을 먹고 살까?
④ 괴물이 사는 곳은 어디일까?
⑤ 괴물과 어떻게 친구가 될 수 있을까?

[10. 인물의 말과 행동을 상상해요]

20 이 글에서 괴물의 모습을 표현한 말을 모두 고르세요. (　　,　　)

① 빵빵
② 북슬북슬
③ 쫑긋쫑긋
④ 길쭉길쭉
⑤ 뾰족뾰족

1 다음 수를 쓰고 읽어 보세요.
[1. 100까지의 수]

> 10개씩 묶음 7개

✎ 쓰기 _____

✎ 읽기 _____ , _____

2 ☐ 안에 알맞은 수를 써넣으세요.
[1. 100까지의 수]

10개씩 묶음 ☐ 개와 낱개 ☐ 개를

☐ (이)라고 합니다.

3 빈칸에 알맞은 수를 써넣으세요.
[1. 100까지의 수]

1만큼 더 작은 수		1만큼 더 큰 수
☐	79	☐

4 농장에서 밤을 진혜는 57개 주웠고, 진수는 72개 주웠습니다. 윤아는 진혜보다 1개 더 많이 주웠습니다. 밤을 많이 주운 순서대로 이름을 쓰려고 합니다. 풀이 과정을 쓰고 답을 구하세요.
[1. 100까지의 수]

_____

_____

_____

_____

(_____ , _____ , _____)

5 덧셈을 해 보세요.
[2. 덧셈과 뺄셈(1)]

(1) 20+60= ☐

(2) 45+23= ☐

6 두 수를 골라 차가 30이 되도록 뺄셈식을 써 보세요.
[2. 덧셈과 뺄셈(1)]

20	30	40	60	80

☐ − ☐ =30

7 계산 결과가 같은 것끼리 이어 보세요.

(1) $\boxed{32+24}$ •

(2) $\boxed{41+7}$ •

(3) $\boxed{13+32}$ •

• ㉠ $\boxed{47-2}$

• ㉡ $\boxed{88-32}$

• ㉢ $\boxed{69-21}$

8 바구니에 사과가 14개, 귤이 23개 있습니다. 바구니에 있는 과일이 모두 몇 개인지 알아보려고 합니다. □ 안에 알맞은 수를 써넣으세요.

$$\boxed{} + \boxed{} = \boxed{}$$

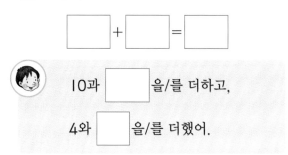

10과 $\boxed{}$ 을/를 더하고,

4와 $\boxed{}$ 을/를 더했어.

9 어떤 모양을 모아 놓은 것인지 알맞은 모양에 ◯표 하세요.

■　　　▲　　　●

(　　　)　(　　　)　(　　　)

10 그림에서 ■, ▲, ● 모양을 몇 개씩 이용했는지 세어 보세요.

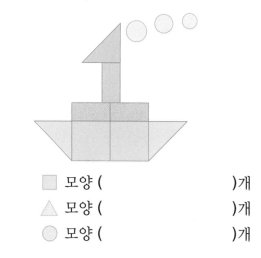

■ 모양 (　　　　　　)개

▲ 모양 (　　　　　　)개

● 모양 (　　　　　　)개

11 계산해 보세요.

(1) $5+1+3=\boxed{}$

(2) $8-2-4=\boxed{}$

12 나뭇가지에 참새가 6마리 앉아 있습니다. 5마리가 더 날아 온다면 모두 몇 마리인지 덧셈식을 써 보세요.

$$\boxed{} + \boxed{} = \boxed{}$$

13 □ 안에 알맞은 수를 써넣으세요. [4. 덧셈과 뺄셈(2)]

(1) 6+□=10

(2) 10-□=5

14 합이 같은 것끼리 이어 보세요. [4. 덧셈과 뺄셈(2)]

(1) 3+8+2 •   • ㉠ 10+6

(2) 7+3+5 •   • ㉡ 3+10

(3) 1+9+6 •   • ㉢ 10+5

15 시각을 써 보세요. [5. 시계 보기와 규칙 찾기]

 □ 시

16 다음 시각을 시계에 나타내어 보세요. [5. 시계 보기와 규칙 찾기]

8시 30분

17 규칙에 따라 빈칸에 들어갈 그림에 ○표 하세요. [5. 시계 보기와 규칙 찾기]

(☀ , ⭐)

18 □ 안에 알맞은 수를 써넣으세요. [6. 덧셈과 뺄셈(3)]

7 ➡ +8 ➡ □

19 합을 비교하여 ○ 안에 >, <를 알맞게 써넣으세요. [6. 덧셈과 뺄셈(3)]

5+9 ◯ 6+7

20 차가 5인 뺄셈식을 찾아 ○표 하세요. [6. 덧셈과 뺄셈(3)]

12-6   13-5   14-9

( )   ( )   ( )

가을

[1. 내 이웃 이야기]

1 버스를 이용할 때 바른 태도는 ○표, 바르지 않은 태도는 ×표 하세요.

(1) 큰 소리를 전화 통화를 합니다. ( )

(2) 학생이 할아버지께 자리를 양보해 드립니다. ( )

(3) 버스 통로에서 뛰어다닙니다. ( )

[1. 내 이웃 이야기]

2 오른쪽 그림은 옛날 사람들이 모여 무엇을 하는 모습을 나타낸 것인가요? ( )

① 잔치
② 씨름
③ 빨래
④ 그네타기
⑤ 타작하기

[1. 내 이웃 이야기]

3 나눔 장터에서 나눌 수 있는 것으로 알맞지 않은 것은 무엇인지 기호를 쓰세요.

㉠   ㉡

㉢   ㉣

( )

[1. 내 이웃 이야기]

4 이웃에게 도움을 받았던 경험을 한 가지 쓰세요.

_____

[1. 내 이웃 이야기]

5 이웃에서 들을 수 있는 소리 중에서 듣기 좋은 소리에는 ○표, 듣기 싫은 소리에는 ×표 하세요.

(1) 아이들이 즐겁게 웃는 소리 ( )

(2) 밤에 피아노를 치는 소리 ( )

(3) 뛰어다니면서 쿵쿵대는 소리 ( )

[2. 현규의 추석]

6 다음 중 추석과 관계있는 것은 어느 것인지 모두 골라 기호를 쓰세요.

㉠    ㉡

㉢    ㉣

(,)

[2. 현규의 추석]

7 농사짓는 사람들이 사라진다면 어떤 일이 일어날지 생각해 본 것입니다. 알맞지 않은 것은 어느 것인가요? ( )

① **석현**: 늘 배가 고플 것 같아.
② **희연**: 통조림 음식만 먹을 것 같아.
③ **성군**: 마트에는 먹을 것이 많을 거야.
④ **승윤**: 식탁 위에 빈 그릇만 있을 거야.
⑤ **진호**: 나무에 과일이 열리지 않을 거야.

[2. 현규의 추석]

8 '파란 가을 하늘' 노래입니다. 빈칸에 알맞은 노랫말은 무엇인가요? (   )

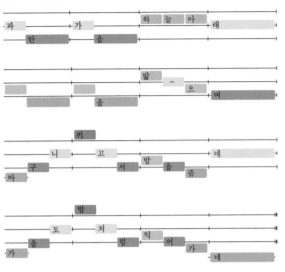

① 목련
② 벚나무
③ 개나리
④ 진달래
⑤ 단풍잎

[2. 현규의 추석]

9 낙엽으로 할 수 있는 여러 가지 놀이 중 알맞지 않은 것은 어느 것인가요? (   )

① 낙엽 밟기 놀이
② 낙엽 모으기 놀이
③ 낙엽 뿌리기 놀이
④ 낙엽으로 무늬 만들기 놀이
⑤ 낙엽으로 음식 만들어 먹기 놀이

서술형

[2. 현규의 추석]

10 추수해 주신 분들께 감사의 마음을 표현할 수 있는 방법을 한 가지 쓰세요.

_____

겨울

[1. 여기는 우리나라]

11 색종이로 여자 한복 옷섶을 표현한 것은 어느 것인지 기호를 쓰세요.

ㄱ   ㄴ   ㄷ

(   )

[1. 여기는 우리나라]

12 오른쪽과 같은 우리 그릇을 만들 때 가장 알맞은 재료는 무엇인가요? (   )

① 비닐
② 털실
③ 지점토
④ 색종이
⑤ 골판지

[1. 여기는 우리나라]

13 우리나라 국기를 바르게 그린 것은 어느 것인지 ○표 하세요.

(1)    (2)

(   )   (   )

[1. 여기는 우리나라]

14 '아름다운 나라' 노래의 노랫말 중 우리나라를 상징하는 것을 찾아 모두 쓰세요.

> 1. 하늘높이 올라라 우리 태극기
>   높이높이 올라라 우리 태극기
> 2. 아름답게 피어라 우리 무궁화
>   오천만의 가슴에 곱게 피어라

(   )

[1. 여기는 우리나라]

15 통일을 위해 1학년인 내가 할 수 있는 다짐으로 알맞은 것은 무엇인지 모두 고르세요. (　　,　　)

① 일을 해서 돈을 번다.

② 북한 친구들에게 편지를 쓴다.

③ 통일 행사에 적극적으로 참여한다.

④ 어른들께 맡기고 나는 관심을 갖지 않는다.

⑤ 통일을 위해 공부는 열심히 하지 않아도 된다.

[2. 우리의 겨울]

16 여기서 말하는 '나' 는 누구인지 쓰세요.

> • 나는 물로 만들어졌다.
>
> • 나는 여러 가지 모양이다.
>
> • 나를 음료수에 넣으면 음료수가 시원해진다.

(　　　　　　　)

[2. 우리의 겨울]

17 노래를 들으며 균형 잡기 놀이를 할 때 한쪽 다리로만 균형 잡기를 한 경우는 어느 것인가요? (　　　)

①　　　　　② 　　　　③

④　　　　　⑤

[2. 우리의 겨울]

18 '눈송이' 노래의 노랫말입니다. 줄친 부분을 신체로 알맞게 표현한 것은 어느 것인지 기호를 쓰시오.

> 송이송이 내려오는 하얀 솜눈을
> 자세히 자세히 살펴보셔요
> 하늘나라 아기들의 고운 맘씨가
> 송이마다 <u>반짝반짝</u> 박혀 있지요

㉠　　　　　　　　　㉡

(　　　　　　　)

[2. 우리의 겨울]

19 친구를 배려하는 말이 <u>아닌</u> 것은 어느 것인가요? (　　　)

① 미안해.

② 고마워.

③ 네가 먼저 해. 기다릴게.

④ 나 먼저 마시고 네가 마셔.

⑤ 친구들이 가방에 걸리지 않게 해야지.

[2. 우리의 겨울]

20 '사랑의 마음' 노래는 어떤 마음으로 부르면 좋은가요? (　　　)

① 슬픈 마음으로

② 화난 마음으로

③ 속상한 마음으로

④ 우울한 마음으로

⑤ 즐거운 마음으로

1~2

우리 조상들은 아기의 첫 번째 생일에 돌잔치를 했습니다. 돌잔치에서는 맛있는 음식을 차려 나누어 먹고 돌잡이도 했습니다. 돌잡이는 아기가 여러 가지 물건 가운데에서 한두 개를 잡는 것입니다.

돌잡이상 위에는 쌀, 떡, 책, 붓, 돈, 활, 실 등을 올려놓았습니다. 실을 잡는 아이는 오래 살 것이라고 생각했습니다. 책을 잡는 아이는 공부를 잘하게 될 것이라고 여겼습니다. 또 쌀을 잡는 아이는 부자가 될 것이라고 했습니다.

우리 조상들은 돌잔치를 하면서 아기가 건강하고 행복하게 자라기를 바랐습니다.

[1. 소중한 책을 소개해요]

1 돌잡이를 할 때에 상 위에 놓는 물건이 <u>아닌</u> 것은 무엇인가요? (   )

① 실   ② 돈
③ 책   ④ 쌀
⑤ 나무

[1. 소중한 책을 소개해요]

2 이 글을 읽고 새롭게 알게 된 점을 바르게 말한 친구에게 ○표를 하세요.

(1)
> 우리 조상들은 돌잔치를 하면서 아기가 건강하고 행복하게 자라기를 바랐다는 것을 알게 되었어.

(2)
> 나도 돌잔치에 가 본 적이 있어.

(   )   (   )

[2. 소리와 모양을 흉내 내요]

3 다음 빈칸에 알맞은 흉내 내는 말을 찾아 선으로 이어 보세요.

(1) 햇볕이 [   ] 내리쬐었다. •   • ㉠ 주렁주렁

(2) 사과나무에 사과가 [   ] 열렸다. •   • ㉡ 쑥쑥

(3) [   ] 싹을 틔웠다. •   • ㉢ 쨍쨍

[2. 소리와 모양을 흉내 내요]

4 다음 문장에서 보기 와 같은 받침이 있는 글자는 무엇인가요? (   )

> 나는 모래 놀이터에 앉아서 친구와 놀았다.

보기
> ㄵ

① 는   ② 앉
③ 친   ④ 놀
⑤ 았

[3. 문장으로 표현해요]

5 다음 문장에 쓰인 따옴표의 이름은 무엇인지 쓰세요.

> '어떤 마술을 보여 줄까'

(   )

[3. 문장으로 표현해요]

6 다음 중 생각이나 느낌을 나타내는 문장이 아닌 것은 어느 것인가요? (   )

① 책이 재미있어요.

② 사자는 정말 지혜로워요.

③ 기린은 잠을 자고 싶어 해요.

④ 원숭이는 나뭇잎을 먹었어요.

⑤ 여기에 있는 잎을 먹고 싶어요.

7~8

　막내딸은 꿩을 팔아 병아리 한 쌍을 샀어요. 병아리를 어미 닭으로 키우고, 어미 닭이 달걀을 낳으면 병아리를 까게 하여 다시 어미 닭으로 키웠어요.

　마침내 시간이 흘러 할아버지 생신날이 되었어요. 아버지가 세 딸을 불러 선물을 가져오라고 했어요. 큰딸과 둘째 딸은 고개만 수그리고 아무 말도 하지 못했어요. 그때 막내딸이 송아지를 끌고 나왔어요. 사람들은 깜짝 놀랐어요. 그러자 막내딸은 콩 한 알로 송아지를 사게 된 이야기를 해 주었어요. ㉠할아버지와 아버지는 함박웃음을 지었어요.

[4. 바른 자세로 말해요]

7 막내딸이 콩 한 알로 마침내 무엇을 만들어 할아버지께 선물을 하였는지 쓰세요.

(　　　　　　　　　　　)

[4. 바른 자세로 말해요]

8 ㉠에서 아버지의 마음은 어떠할지 두 가지 고르세요. (　　,　　)

① 흐뭇한 마음　　② 기특한 마음

③ 화가 난 마음　　④ 기대하는 마음

⑤ 실망스러운 마음

9~10

 하나, 둘, 셋, 넷, 다섯 마리로구나. 허리춤에 넣어 갈까, 둥지째 떼어 갈까?

 지금은 안 됩니다, 착한 도련님. 며칠만 더 있으면 고운 털이 날 테니 그때 와서 둥지째 가져가십시오.

 그럼 그러지.

　며칠이 지나서 와 보니, 새는 한 마리도 없고 둥지만 달린 나무가 바람에 울고 있었습니다.

 내가 가져갈 새끼 새가 모두 어디 갔니?

 누가 아니? 나는 너 때문에 ㉠좋은 친구 모두 잃어버렸어. 너 때문에!

[5. 알맞은 목소리로 읽어요]

9 이 글에서 새는 결국 어떻게 되었나요?

(　　　　)

① 둥지를 떠났다.

② 아이와 친하게 되었다.

③ 아이에게 새끼 새를 빼앗겼다.

④ 나무와 함께 오래도록 살았다.

⑤ 새끼 새와 함께 아이의 집으로 갔다.

서술형 [5. 알맞은 목소리로 읽어요]

10 ㉠을 알맞은 목소리로 읽으려면 어떻게 해야 할지 쓰세요.

_____

_____

[6. 고운 말을 해요]

11 다른 사람의 말을 듣고 기분 좋았던 경험을 말한 친구에게 ◯표를 하세요.

(1)
줄넘기를 잘 못하고 있을 때 친구가 "힘내!"라고 말해 주었어.

(   )

(2)
준비물을 가져오지 않아서 당황스러웠는데 짝꿍이 모른 척했어.

(   )

[6. 고운 말을 해요]

12 다음 그림에서 듣는 이를 생각하며 정민이가 해야 할 알맞은 말은 무엇인가요?

(   )

어머, 미안해.

민지   정민

① 너 또 그러니?
② 네 그림도 망칠 거야.
③ 괜찮아. 다시 그리면 돼.
④ 괜찮아. 네 그림을 나한테 줄래?
⑤ 그림이 망가져서 속상하지만 괜찮아.

13~14

제목	

오늘 소방관 아저씨께서 학교에 오셨다. 아저씨께서는 불이 나면 크게 다칠 수 있다고 말씀하셨다. 그리고 불이 나면 주변에 큰 소리로 알려야 한다고 하셨다. 앞으로 불조심을 해야겠다.

[7. 무엇이 중요할까요]

13 이 글의 주요 내용은 무엇인가요? (   )

① 불조심을 해야 한다.
② 학교에서 불이 자주 난다.
③ 나도 커서 소방관이 되겠다.
④ 불이 나면 크게 다칠 수 있다.
⑤ 소방관 아저씨를 본받아야겠다.

서술형

[7. 무엇이 중요할까요]

14 이 글에 알맞은 제목에 ◯표를 하고, 그 제목을 고른 까닭을 쓰세요.

불조심   소방차   소화기

_____

_____

[8. 띄어 읽어요]

15 다음 글을 읽고 띄어 읽어야 할 부분에 ∨를 하고 바르게 띄어 읽으세요.

비사치기는 돌멩이를 이용한 놀이입니다. ㉠(   ) 먼저 평평하고 잘 ㉡(   ) 세워지는 손바닥만 한 돌멩이를 준비합니다. ㉢(   ) 두 편으로 나누고 땅바닥에 줄을 긋습니다. ㉣(   ) 가위바위보를 하여 진 편은 ㉤(   ) 준비한 돌멩이를 줄 위에 세워 놓습니다.

[8. 띄어 읽어요]

16 다음 글에서 설명하고 있는 것을 쓰세요.

> 흔히 볼 수 있는 지우개는 상자 모양입니다. 그리고 동물 모양, 과일 모양, 막대 모양도 있습니다.
> 지우개의 색깔도 여러 가지입니다. 흰색, 파란색, 빨간색처럼 한 가지 색으로 된 것도 있지만, 여러 가지 색이 섞인 것도 있습니다.

(   )

17~18

> 가게놀이를 했다. ㉠모둠마다 가게를 만들었다. 우리 모둠은 장난감 가게를 꾸몄다. ㉡나는 물건을 파는 사람을 했다. 도깨비 인형도 팔고, 변신 로봇도 팔았다. ㉢내 물건이 팔릴 때 기분이 좋았다. ㉣다음에는 물건을 사는 사람도 해 보고 싶다.

[9. 겪은 일을 글로 써요]

17 무엇을 한 일을 쓴 글인가요? (   )

① 운동회   ② 졸업식
③ 입학식   ④ 가게놀이
⑤ 현장 체험학습

[9. 겪은 일을 글로 써요]

18 ㉠~㉣ 가운데에서 생각이나 느낌을 나타낸 것끼리 짝지어진 것은 어느 것인가요?

(   )

① ㉠, ㉣   ② ㉠, ㉡
③ ㉡, ㉢   ④ ㉡, ㉣
⑤ ㉢, ㉣

19~20

> 숲속 재봉사는 밤이나 낮이나 쉬지 않고 옷을 만들었어요.
> 이 하늘 저 하늘 새들이 날아와 멋진 옷을 부탁했어요.
> 춤출 때 입을 거예요.
> 깊은 물 얕은 물 물고기들이 헤엄쳐 와 어여쁜 옷을 졸랐어요.
> 오징어는 무지개 양말에 구두 신고 다리를 뽐낼 거예요.
> 넓은 들판에 사는 크고 큰 동물들과 작고 작은 곤충들도 마음먹은 옷을 이야기했어요.
> 사자는 바람이 불면 털이 눈을 가려서 모자가 필요해요.
> 높은 산 낮은 산 동물들도 필요한 옷을 부탁했어요.
> 토끼는 팔랑거리는 치마 입고 깡충깡충 뛸 거예요.
> 그렇게 모두 꿈꿔 왔던 옷을 입어 보았어요.
> 그리고 한바탕 잔치가 벌어졌어요.

[10. 인물의 말과 행동을 상상해요]

19 토끼에게 필요한 옷은 무엇인가요? (   )

① 무지개 양말
② 굽이 높은 구두
③ 팔랑거리는 치마
④ 춤 출 때 입을 옷
⑤ 갈기를 가릴 모자

서술형

[10. 인물의 말과 행동을 상상해요]

20 숲속 잔치에서 오징어는 어떻게 춤을 추었을지 몸짓으로 표현하여 쓰세요.

_____

_____

1 다음 중 수를 <u>잘못</u> 읽은 것을 모두 고르세요. (　　，　　)
[1. 100까지의 수]

① 80 - 여든　　　② 62 - 예순이
③ 93 - 구십삼　　④ 78 - 아흔여덟
⑤ 87 - 여든일곱

2 나타내는 수가 나머지와 <u>다른</u> 하나를 찾아 기호를 써 보세요.
[1. 100까지의 수]

> ㉠ 10개씩 묶음 7개와 낱개 5개인 수
> ㉡ 일흔다섯
> ㉢ 팔십오
> ㉣ 75

(　　　　　　　　)

3 두 수의 크기를 비교하여 ○ 안에 >, <를 알맞게 써넣으세요.
[1. 100까지의 수]

96 ◯ 78

서술형

4 수 카드 2장을 한 번씩 사용하여 만들 수 있는 두 자리 수 중 가장 큰 수는 얼마인지 풀이 과정을 쓰고 답을 구하세요.
[1. 100까지의 수]

| 2 | 4 | 5 | 6 |

_____

_____

(　　　　　　　　)

5 덧셈을 해 보세요.
[2. 덧셈과 뺄셈(1)]

(1) 32+7=☐

(2) 40+30=☐

6 빈칸에 알맞은 수를 써넣으세요.
[2. 덧셈과 뺄셈(1)]

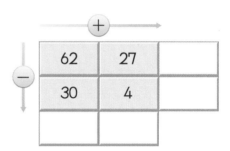

7 계산 결과가 큰 것부터 차례대로 기호를 써 보세요.
[2. 덧셈과 뺄셈(1)]

> ㉠ 35+21　　㉡ 78-34
> ㉢ 30+10　　㉣ 95-40

(　　，　　，　　，　　)

8 다음은 어떤 모양의 물건을 모은 것인지 알맞은 모양에 ○표 하세요.
[3. 여러 가지 모양]

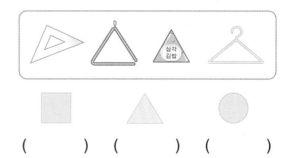

(　　　) (　　　) (　　　)

9 오른쪽 물건을 종이 위에 대
고 본을 떴을 때 나오는 모양
과 같은 모양의 물건을 모두
고르세요. (,)

[3. 여러 가지 모양]

①
②
③
④
⑤

[3. 여러 가지 모양]

10 모양 조각을 이용하여 잠자리 모양을 만들
었습니다. 잠자리를 만드는 데 이용한 △
모양은 모두 몇 개일까요?

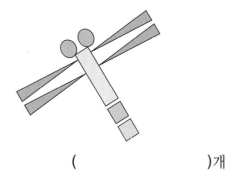

( )개

[4. 덧셈과 뺄셈(2)]

11 그림을 보고 □ 안에 알맞은 수를 써넣으
세요.

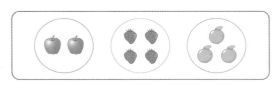

2+4+3=□

[4. 덧셈과 뺄셈(2)]

12 □ 안에 알맞은 수를 써넣으세요.

(1) 5+5=□ (2) 6+□=10

(3) 10-8=□ (4) 10-□=7

[4. 덧셈과 뺄셈(2)]

13 같은 것끼리 이어 보세요.

(1) 4+6+7 •   • ㉠ 13

(2) 2+5+8 •   • ㉡ 17

(3) 3+9+1 •   • ㉢ 15

[5. 시계 보기와 규칙 찾기]

14 시각을 써 보세요.

(1)

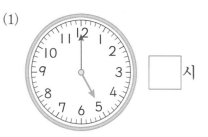

□시

(2)

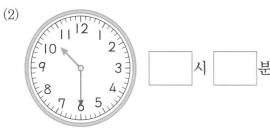

□시 □분

[5. 시계 보기와 규칙 찾기]

15 시각을 시계에 나타내어 보세요.

| 11시 30분 |

[5. 시계 보기와 규칙 찾기]

16 시계의 긴바늘과 짧은바늘이 모두 12를 가리킬 때 시계가 나타내는 시각은 몇 시일까요?

( )시

[5. 시계 보기와 규칙 찾기]

17 발 구르기는 2, 손뼉 치기는 3으로 하여 어떤 규칙에 따라 나타낸 것입니다. 빈칸에 알맞은 수를 써넣으세요.

2	2	3	3	3	2	2	3
3	3	2	2	3			

서술형

[5. 시계 보기와 규칙 찾기]

18 당근과 오이를 규칙에 따라 늘어놓은 것입니다. 빈칸에 들어갈 채소는 무엇인지 풀이과정을 쓰고 답을 구하세요.

( )

[6. 덧셈과 뺄셈⑶]

19 차를 비교하여 ◯ 안에 >, <를 알맞게 써넣으세요.

| 15-7 | ◯ | 16-9 |

서술형

[6. 덧셈과 뺄셈⑶]

20 진호는 빨간색 구슬 8개와 파란색 구슬 6개를 가지고 있었습니다. 이 중에서 5개를 동생에게 주었다면 진호에게 남은 구슬은 몇 개인지 풀이 과정을 쓰고 답을 구하세요.

( )개

▶ **가을**

[1. 내 이웃 이야기]

1 다음과 같은 생각그물의 제목으로 알맞은 것은 무엇인가요? (　　)

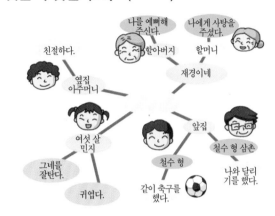

① 내 친구들
② 내가 싫어하는 이웃
③ 놀이터에서 만난 이웃
④ 내가 만난 옛날 사람들
⑤ 나와 함께 사는 사람들

[1. 내 이웃 이야기]

2 꼬리 잇기 놀이의 규칙으로 바르지 <u>않은</u> 것은 어느 것인가요? (　　)

① 정해진 장소 안에서만 놀이를 한다.
② '길로 길로 가다가' 노래를 부르며 놀이를 한다.
③ 가위바위보에서 진 사람은 이긴 사람의 앞에 가서 선다.
④ 노래를 부르며 움직이다가 만난 친구와 가위바위보를 한다.
⑤ 놀이 중 꼬리가 끊어지면 정해진 곳에서 1분간 기다렸다가 다시 놀이를 한다.

서술형

[1. 내 이웃 이야기]

3 학교에 오는 길에 만날 수 있는 이웃을 두 사람 쓰세요.

[1. 내 이웃 이야기]

4 다음 그림에서 옛날 이웃들은 무엇을 하고 있는지 모두 고르세요. (　　,　　)

① 엿을 먹고 있다.
② 씨름을 하고 있다.
③ 씨름을 구경하고 있다.
④ 벼를 도구로 치고 있다.
⑤ 벼에서 알곡을 떨어뜨리고 있다.

[1. 내 이웃 이야기]

5 다음은 이웃과 함께 할 수 있는 실내 놀이 중 어떤 놀이에 대한 설명인가요? (　　)

- 색종이를 1장 준비하여 종이접기를 한다.
- 안쪽 칸에 친구들의 이름을 적는다.
- 가위바위보를 해서 이긴 사람이 1~5 중에서 한 가지 숫자를 부른다.
- 친구가 부른 숫자만큼 손가락에 낀 색종이 접은 것을 움직인다.

① 종이컵 쌓기　　② 칠교놀이
③ 동서남북 놀이　　④ 콩 나르기
⑤ 빨대 던져 넣기

[2. 현규의 추석]

6 종이를 이용하여 베 짜기를 하려고 합니다. 따뜻한 느낌이 들도록 하려면 어느 것이 알맞은지 두 가지 골라 기호를 쓰세요.

（　　,　　）

[2. 현규의 추석]

7 찰흙을 이용하여 추석 음식과 과일을 만들 때 알맞지 <u>않은</u> 것은 무엇인가요? (   )

① 딸기   ② 감
③ 송편   ④ 배
⑤ 사과

[2. 현규의 추석]

8 가을에 볼 수 있는 동물과 식물입니다. 이름을 쓰세요.

(1)

(　　　　　) (　　　　　)

[2. 현규의 추석]

9 다음과 같은 놀이를 할 때 필요한 것은 무엇인가요? (   )

① 화살   ② 풍선
③ 신문지   ④ 줄넘기
⑤ 납작한 돌

서술형

[2. 현규의 추석]

10 추석 때 모인 친척 중 고마웠던 분들께 감사의 마음을 표현하는 방법을 한 가지 쓰세요.

겨울

[1. 여기는 우리나라]

11 '남생아 놀아라' 노래의 일부분입니다. 소고를 치는 부분끼리 기호로 바르게 짝지은 것은 어느 것인가요? (   )

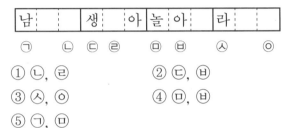

남		생	아	놀	아		라	
㉠	㉡	㉢	㉣		㉤	㉥	㉦	㉧

① ㉡, ㉣   ② ㉢, ㉥
③ ㉥, ㉧   ④ ㉤, ㉥
⑤ ㉠, ㉤

12~13

우리 조상들이 살던 집과 우리가 살고 있는 집을 나타낸 것입니다. 물음에 답하세요.

㉠    ㉡

[1. 여기는 우리나라]

12 위 ㉠과 같은 집을 지을 때 필요한 재료가 <u>아닌</u> 것은 무엇인가요? (   )

① 짚   ② 종이
③ 흙   ④ 유리
⑤ 나무

[1. 여기는 우리나라]

13 ㉠과 ㉡을 바르게 비교한 것은 어느 것인가요? (   )

① ㉠은 여러 층이다.
② ㉠은 집 밖에 마당이 있다.
③ ㉡은 화장실이 집 밖에 있다.
④ ㉡은 벽이 황토 흙으로 되어 있다.
⑤ ㉠은 주로 시멘트를 이용하여 짓는다.

14 남한의 생활 모습에는 '남', 북한의 생활 모습에는 '북'이라고 쓰세요.

[1. 여기는 우리나라]

(1) 학급 회장을 우리가 뽑습니다. (　　)

(2) 어린이를 위한 날이 두 번 있습니다.

(　　)

(3) 일하는 곳을 스스로 찾습니다. (　　)

[1. 여기는 우리나라]

15 남한과 북한의 공통점으로 바르지 <u>않은</u> 것은 어느 것인가요? (　　)

① 김치를 먹는다.

② 한글을 사용한다.

③ 한복을 입지 않는다.

④ 조상이 같고 한반도에 산다.

⑤ 풍물놀이, 연날리기 등 풍습이 비슷하다.

[2. 우리의 겨울]

16 오른쪽과 같은 팽이를 만들 때 필요한 재료를 모두 고르세요.

(　　,　　)

① 면봉　　② 시디

③ 색종이　　④ 골판지

⑤ 유리구슬

[2. 우리의 겨울]

17 겨울 놀이를 할 때 필요한 도구를 바르게 선으로 이어 보세요.

(1) 연날리기 ・

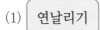

・ ㉠

(2) 스키 ・

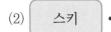

・ ㉡

(3) 눈썰매 ・

・ ㉢

[2. 우리의 겨울]

18 교실에서 신문지 눈싸움 놀이를 하려고 합니다. 가장 나중에 해야 할 일은 무엇인가요? (　　)

① 신문지 눈덩이를 던진다.

② 신문지를 펴서 정리한다.

③ 책상이나 의자로 공간을 나눈다.

④ 신문지를 구겨 종이 눈덩이를 만든다.

⑤ 교실 책상을 밀어 놓고 놀이할 공간을 만든다.

[2. 우리의 겨울]

19 운동장에서 눈을 뭉쳐 눈싸움 놀이를 할 때 주의할 점으로 바르지 <u>않은</u> 것은 무엇인가요? (　　)

① 눈덩이는 적당한 크기로 만든다.

② 얼굴에는 눈덩이를 던지지 않도록 한다.

③ 미끄러운 곳에서 넘어지지 않도록 주의한다.

④ 눈 속에 돌멩이를 넣으면 더 멀리 던질 수 있다.

⑤ 날씨 상황이 좋지 않을 경우에는 놀이를 하지 않도록 한다.

서술형

[2. 우리의 겨울]

20 1학년인 내가 할 수 있는 나눔과 봉사 활동을 한 가지 쓰세요.

_____

_____

[1. 소중한 책을 소개해요]

1 같은 받침이 들어간 낱말끼리 선으로 이어 보세요.

(1) 묶다 •

(2) 잤다 •

• ㉠ 맛있다

• ㉡ 낚시

[1. 소중한 책을 소개해요]

2 다음 그림과 같은 책은 무엇인가요?

( )

> 병풍처럼 펼칠 수 있어요.

① 병풍 책   ② 소리 책
③ 퍼즐 책   ④ 팝업 책
⑤ 헝겊 책

3~4

준비!   내 발이 다다다
가슴이 벌렁벌렁   바람이 씽씽

삑!   나도
                      친구도
                      헉헉헉.

[2. 소리와 모양을 흉내 내요]

3 이 시는 무엇을 하는 모습을 나타낸 것인가요? ( )

① 달리기   ② 책 읽기
③ 줄다리기   ④ 발표하기
⑤ 노래 부르기

[2. 소리와 모양을 흉내 내요]

4 다음 그림에서 몸으로 표현한 흉내 내는 말은 무엇인지 쓰세요.

( )

5~6

이른 아침부터 원숭이와 기린이 싸우고 있었어요.
"나는 좀 더 자야 하니까 다른 나뭇잎을 따 먹어."
나무 밑에서 잠을 자던 원숭이가 기린에게 버럭 소리를 질렀어요.
㉠"여기 잎이 가장 맛있단 말이야."
기린도 물러나지 않았어요.

[3. 문장으로 표현해요]

5 다음은 누구의 생각인지 쓰세요.

> 여기 있는 잎을 먹고 싶어요.

( )

[3. 문장으로 표현해요]

6 ㉠에 쓰인 따옴표의 이름에 ○표 하세요.

> 큰따옴표   작은따옴표

7~8

> 내 꿈은 요리사입니다. 세계 여러 나라의 음식에 대해 공부할 것입니다. 많은 사람에게 맛있는 음식을 만들어 주고 싶습니다. 내가 만든 요리를 먹고 많은 사람이 행복해졌으면 좋겠습니다.

[4. 바른 자세로 말해요]

7 이 그림에서 말하는 이의 꿈은 무엇인가요? (　　)

① 화가
② 요리사
③ 신문 기자
④ 치과 의사
⑤ 우주 비행사

[4. 바른 자세로 말해요]

8 이와 같이 자신의 꿈을 발표할 때의 자세로 알맞지 않은 무엇인가요? (　　)

① 고개를 들고 말한다.
② 바른 자세로 서서 말한다.
③ 듣는 이를 바라보며 말한다.
④ 떠드는 친구만 바라보며 말한다.
⑤ 모두 들을 수 있게 큰 소리로 말한다.

9~10

새 한 마리가 나무에 둥지를 틀고 고운 알을 소복하게 낳아 놓았습니다.

 이 알을 모두 꺼내 가야지.

 ㉠지금은 안 됩니다. 착한 도련님. 며칠만 지나면 까 놓을 테니 그때 와서 새끼 새들을 가져가십시오.

 그럼 그러지.

며칠이 지나 새알은 모두 새끼 새가 되었습니다.

 하나, 둘, 셋, 넷, 다섯 마리로구나. 허리춤에 넣어 갈까, 둥지째 떼어 갈까?

 지금은 안 됩니다. 착한 도련님. 며칠만 더 있으면 고운 털이 날 테니 그때 와서 둥지째 가져가십시오.

[5. 알맞은 목소리로 읽어요]

9 아이는 알을 보고 어떤 생각을 하였나요?

(　　)

① 알을 지켜 주기로 했다.
② 알을 품어 주려고 했다.
③ 알을 모두 꺼내 가려고 하였다.
④ 알의 생김새를 관찰하려고 했다.
⑤ 어미 새에게 먹이를 가져다주려고 했다.

서술형

[5. 알맞은 목소리로 읽어요]

10 ㉠을 알맞은 목소리로 읽으려면 어떻게 해야 하는지 쓰세요.

_____

_____

11~12

㉠"친구들아, 정말 반가워!"
달콤 박쥐가 기쁘게 반겼어.
하지만 뾰족 박쥐는
"친구는 무슨 친구! 흥!"
과일나무에 탐스러운 열매가 주렁주렁!
"나무님, 감사해요!"
달콤 박쥐는 공손히 인사하고 동물들을 초대해 오순도순 나눠 먹었어.
가시나무에는 딱딱한 열매가 듬성듬성!
뾰족 박쥐는 오도독 맛을 보더니,
"퉤퉤! 무슨 맛이 이래?"

[6. 고운 말을 해요]

11 ㉠을 들은 친구들의 기분은 어떠할까요?
( )

① 속상하다.
② 기분이 좋다.
③ 기분이 상한다.
④ 달콤 박쥐가 밉다.
⑤ 달콤 박쥐를 멀리하고 싶다.

[6. 고운 말을 해요]

12 달콤 박쥐는 과일나무에 열매가 열리자 어떻게 하였는지 두 가지 고르세요.
(,)

① 혼자서 몰래 먹었다.
② 동물들과 나누어 먹었다.
③ 맛이 없다고 소리 질렀다.
④ 열매를 따다가 모아 두었다.
⑤ 나무에게 고맙다고 인사하였다.

13~15

임금님은 백성을 아끼고 사랑했어요. 가난한 사람들에게 쌀과 옷을 나누어 주었지요.
사람들은 모였다 하면 너도 나도 임금님 칭찬을 했어요.
"그런데 자네들 임금님에게 신기한 맷돌이 있다는 거 아나?"
"마음씨가 착하니 하늘이 임금님께 상을 주신 거구먼!"
그런데 그 이야기를 엿듣던 도둑은 고약한 마음을 먹었어요.
도둑은 궁궐로 숨어들었어요.
임금님은 맷돌 앞에서 "나와라!", "멈춰라!"를 외치고 있었어요.
임금님이 "나와라, 옷!" 하면 옷이 나오고 "멈춰라, 옷!" 하면 멈추는 게 아니겠어요?

[7. 무엇이 중요할까요]

13 임금님이 한 일은 무엇인가요? ( )

① 백성들을 칭찬하였다.
② 고약한 마음을 먹었다.
③ 도둑을 불러서 혼내 주었다.
④ 백성들에게 신기한 맷돌을 나누어 주었다.
⑤ 가난한 사람들에게 쌀과 옷을 나누어 주었다.

[7. 무엇이 중요할까요]

14 임금님은 맷돌 앞에서 무엇을 하였는지 쓰세요.

• ( ) (이)라고
외쳤다.

[7. 무엇이 중요할까요]

15 위 글에서 도둑이 한 일은 무엇인가요? ( )

① 궁궐에 숨어 들었다.
② 임금님을 칭찬하였다.
③ 신기한 맷돌을 훔쳤다.
④ 임금님이 나누어 준 쌀을 받았다.
⑤ 신기한 맷돌을 보고 "나와라, 소금!"이라고 외쳤다.

16~17

뿌리를 먹는 채소는 우리 몸을 튼튼하게 합니다. 뿌리를 먹는 채소에는 무, 고구마, 당근, 우엉 등이 있습니다.

무는 기침감기에 도움이 됩니다. 고구마는 소화가 잘됩니다. 또 당근에는 눈에 좋은 영양소가 매우 많습니다. 우엉을 먹으면 변비에 잘 걸리지 않습니다.

[8. 띄어 읽어요]

16 뿌리를 먹는 채소를 알맞게 설명하는 내용을 찾아 선으로 이어 보세요.

(1)  • • ㉠ 눈에 좋다.

(2)  • • ㉡ 소화가 잘된다.

(3)  • • ㉢ 기침감기에 도움이 됩니다.

서술형

[8. 띄어 읽어요]

17 이 글을 읽고 새롭게 알게 된 점은 무엇인지 쓰세요.

_____

_____

18~19

나는 체육 시간에 친구들과 운동장에서 달리기를 했다. 모둠을 나누어 이어달리기를 했다. 우리 모둠은 4등으로 꼴찌를 했다. 나는 힘들게 달렸는데도 꼴찌를 한 것이 실망스러워 아무 말도 하지 않고 있었다. 그런데 친구들이 "힘내! 다음 기회가 있잖아."라고 말해 주어서 다시 기분이 좋아졌다.

[9. 겪은 일을 글로 써요]

18 '내'가 겪은 일은 무엇인가요? ( )

① 현장 체험학습을 갔다.
② 달리기에서 일 등을 했다.
③ 운동장에서 친구들과 놀았다.
④ 이어달리기에서 꼴찌를 했다.
⑤ 친구들이 놀려서 기분이 나빴다.

서술형

[9. 겪은 일을 글로 써요]

19 이 글에서 '나'의 기분이 어떻게 바뀌었는지 쓰세요.

_____

_____

[10. 인물의 말과 행동을 상상해요]

20 다음 인물의 말을 따라 할 때에 알맞은 목소리는 무엇인가요? ( )

> 안녕, 놀이터에서 같이 놀자.

① 슬픈 목소리
② 뿌듯하고 들뜬 목소리
③ 낮고 기운 없는 목소리
④ 기분이 좋고 밝은 목소리
⑤ 함께 하기 싫은 듯이 머뭇거리는 목소리

마무리 평가

1 [1. 100까지의 수]

□ 안에 알맞은 수를 써넣으세요.

10개씩 묶음이 7개이므로 [ ] 입니다.

2 [1. 100까지의 수]

방울토마토는 모두 몇 개인지 세어 □ 안에 수를 쓰고, 두 가지 방법으로 읽어 보세요.

[ ]

읽기 [,]

서술형

3 [1. 100까지의 수]

다음 중 가장 큰 수는 무엇인지 풀이 과정을 쓰고 답을 구하세요.

| 72 | 56 | 68 | 76 |

_____

_____

(   )

4 [2. 덧셈과 뺄셈(1)]

두 수의 합과 차를 각각 구하세요.

| 68 | 21 |

(1) 두 수의 합: (   )
(2) 두 수의 차: (   )

5 [2. 덧셈과 뺄셈(1)]

합이 같은 것끼리 이어 보세요.

(1) 24+43 •   • ㉠ 34+24

(2) 15+51 •   • ㉡ 23+44

(3) 52+6 •   • ㉢ 52+14

6 [2. 덧셈과 뺄셈(1)]

달걀이 한 판에 30개씩 들어 있습니다. 두 판에 들어 있는 달걀은 모두 몇 개일까요?

(   )개

7 [2. 덧셈과 뺄셈(1)]

과일 가게에 사과가 67개 있습니다. 이 중에서 42개를 팔았다면 과일 가게에 남은 사과는 몇 개일까요?

(   )개

8 ■ 모양을 찾을 수 있는 물건은 모두 몇 개 일까요?
[3. 여러 가지 모양]

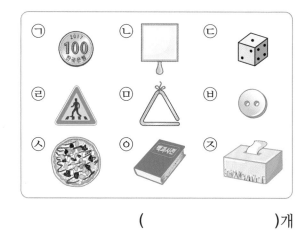

(   )개

9 색종이를 점선을 따라 자르면 ▲ 모양은 모두 몇 개가 나올까요?
[3. 여러 가지 모양]

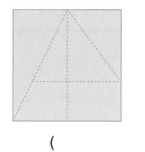

(   )개

10 모자를 꾸미는 데 이용한 모양에 모두 ○표 하세요.
[3. 여러 가지 모양]

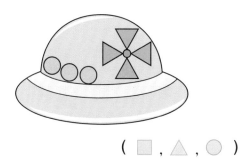

(■ , ▲ , ●)

11 계산해 보세요.

(1) $3+1+4=$ ☐

(2) $9-3-5=$ ☐

12 민서는 사탕을 10개 가지고 있었습니다. 이 중에서 4개를 먹었다면 남은 사탕은 몇 개일까요?
[4. 덧셈과 뺄셈⑵]

(   )개

13 ☐ 안에 알맞은 수를 써넣으세요.
[4. 덧셈과 뺄셈⑵]

(1) $5+4+6=5+$ ☐ $=$ ☐

(2) $8+2+6=$ ☐ $+6=$ ☐

14 시각을 잘못 읽은 것을 찾아 기호를 써 보세요.
[5. 시계 보기와 규칙 찾기]

ㄱ    11시

ㄴ    7시 30분

ㄷ    10시

(   )

마무리 평가

서술형

[5. 시계 보기와 규칙 찾기]

15 채윤이와 다윤이가 아침에 일어난 시각입니다. 더 일찍 일어난 사람은 누구인지 풀이 과정을 쓰고 답을 구하세요.

채윤   다윤

_____

_____

(   )

[5. 시계 보기와 규칙 찾기]

16 시각을 시계에 나타내어 보세요.

5시 30분

[5. 시계 보기와 규칙 찾기]

17 규칙에 따라 꽃을 심었습니다. 빈칸에 들어갈 꽃의 색깔은 무엇일까요?

빨간색 주황색

노란색 보라색

(   )

[6. 덧셈과 뺄셈(3)]

18 ☐ 안에 알맞은 수를 써넣으세요.

$8+9=$ ☐

$7+9=$ ☐

$6+9=$ ☐

$5+9=$ ☐

[6. 덧셈과 뺄셈(3)]

19 합이 14인 덧셈식을 찾아 ○표 하세요.

| 8+4 | 9+6 | 7+7 |

(   )   (   )   (   )

서술형

[6. 덧셈과 뺄셈(3)]

20 여름 방학 동안 재원이와 지유가 읽은 동화책의 수입니다. 재원이는 지유보다 몇 권 더 많이 읽었는지 풀이 과정을 쓰고 답을 구하세요.

재원	지유
16권	9권

_____

_____

(   )권

가을

[1. 내 이웃 이야기]

1 운동장에서 버스놀이를 할 때 버스의 재료로 가장 알맞은 것은 무엇인가요? (　　)

① 상자
② 털실
③ 긴 줄
④ 풍선
⑤ 비닐봉지

[1. 내 이웃 이야기]

2 '정다운 이웃' 노래의 일부분입니다. 빈칸에 알맞은 악기는 무엇인가요? (　　)

아 픈 이 웃　도 울 사 람　누 구 일 까　요

① 큰북
② 징
③ 피아노
④ 탬버린
⑤ 트라이앵글

[1. 내 이웃 이야기]

3 '꿩 꿩 장 서방' 노래의 일부분입니다. 노랫말을 통해 무엇을 알 수 있나요? (　　)

꿩		꿩		장	서	방	
자	네	집	이	어	딘	고	
이	산	저	산	넘	어	서	
솔	밭	집	이	내	집	일	세

① 장 서방이 사는 곳
② 장 서방의 식구 수
③ 장 서방이 먹는 음식
④ 장 서방이 살고 있는 동네 이름
⑤ 장 서방이 이웃들과 지내는 모습

서술형

[1. 내 이웃 이야기]

4 이웃을 도와준 경험을 한 가지 쓰세요.

_____

[1. 내 이웃 이야기]

5 어려움에 처한 이웃을 만났을 때 어떻게 해야 하는지 운동장에서 ○, × 놀이를 하려고 합니다. 빈칸에 구분하여 기호를 쓰세요.

> ㉠ '도와주세요' 소리를 들으면 모른 체한다.
> ㉡ 버스에서 할아버지를 만나면 자리를 양보한다.
> ㉢ 비를 맞고 가는 친구가 있으면 우산을 함께 쓴다.
> ㉣ 시각 장애인을 만나면 힐끔힐끔 쳐다본다.
> ㉤ 넘어진 사람을 발견하면 못 본 체한다.
> ㉥ 할머니가 무거운 짐을 들고 가시면 같이 들어 드린다.

○	×

[2. 현규의 추석]

6 추석에 대하여 조사할 때 조사하지 <u>않아도</u> 되는 것은 무엇인가요? (　　)

① 뜻
② 하는 일
③ 먹는 음식
④ 하는 놀이
⑤ 문을 여는 놀이공원

서술형

[2. 현규의 추석]

7 추석 준비를 위해서 1학년인 내가 할 수 있는 일을 한 가지 쓰세요.

_____

[2. 현규의 추석]

8 콩 주머니 모으기 놀이를 하는 방법입니다. 빈칸에 알맞은 말에 ○하세요.

> • 네 편으로 나눈다.
> • 콩 주머니를 가운데에 모두 놓는다.
> • 시작 신호와 함께 가운데 콩 주머니를 한 개씩 우리 편으로 옮긴다.
> • 정한 시간이 끝나면 콩 주머니를 (많이 , 적게) 모은 편이 이긴다.

[2. 현규의 추석]

9 '잠자리 꽁꽁' 노래를 부를 때 박을 치는 악기입니다. 악기 이름을 쓰세요.

( )

[2. 현규의 추석]

10 '달두 달두 밝다' 노래를 부른 느낌을 얘기한 것으로 알맞지 않은 것은 어느 것인가요? ( )

달 두	달 두	밝	다
명	달 두	밝	다
남호장	저고리	어 화	둥
백항라	저고리	어 화	둥

① 태영: 노랫말이 너무 슬퍼.
② 시영: 밝고 둥근 달이 생각났어.
③ 상우: 둥근 달이 동생 얼굴 같아.
④ 동건: 달을 보고 소원을 빌고 싶어.
⑤ 소영: 가족과 함께 달을 보던 생각이 났어.

겨울

[1. 여기는 우리나라]

11 보기 에서 우리나라 전통음식이 아닌 것은 무엇인지 모두 쓰세요.

> 보기
>
> | 김치 | 콜라 | 삼계탕 |
> | 피자 | 식혜 | 한과 |

( )

[1. 여기는 우리나라]

12 오른쪽과 같이 문양을 색칠하여 장식품을 만들 때 가장 먼저 할 일은 무엇인가요?
( )

① 문양을 오린다.
② 문양을 색도화지에 붙인다.
③ 수수깡에 실을 매어 전시한다.
④ 색도화지 위아래에 수수깡을 붙인다.
⑤ 꾸미고 싶은 문양을 선택하고 색칠한다.

[1. 여기는 우리나라]

13 '애국가' 1절입니다. 빈칸에 알맞은 노랫말을 쓰세요.

> 동해물과 [ ][ ][ ]이 마르고 닳도록
> 하느님이 보우-하사 우리나라 만세
> 무-궁화 삼-천리 화려강-산
> 대한사람 대한-으로 길이 보전하세

( )

서술형

14 우리와 북한이 통일이 필요한 까닭을 한 가지 쓰세요.

[1. 여기는 우리나라]

_____

15 여러 가지 도구 중 건조할 때 필요한 것에 ○하세요.

[2. 우리의 겨울]

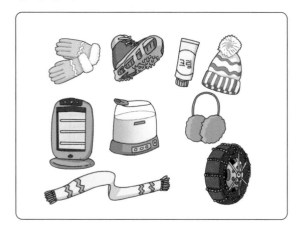

16 쓰임새가 비슷한 옛날과 오늘날의 도구를 바르게 짝지은 것은 어느 것인가요? (　　)

[2. 우리의 겨울]

① 화로 – 손난로
② 장갑 – 전기난로
③ 털방석 – 전기방석
④ 귀마개 – 눈길 덧신
⑤ 물수건 – 전기 레인지

17 오른쪽은 색종이로 눈사람을 만든 것입니다. 눈사람 팔을 만드는 재료로 알맞은 것은 무엇인가요? (　　)

[2. 우리의 겨울]

① 솜
② 양말
③ 골판지
④ 휴지 심
⑤ 이쑤시개

18 여러 가지 방법으로 겨울 모습을 그리려고 합니다. 주제로 알맞지 <u>않은</u> 것은 어느 것인가요? (　　)

[2. 우리의 겨울]

① 겨울에 눈이 내리는 모습
② 아빠와 스키를 타는 모습
③ 동생과 눈썰매를 타는 모습
④ 친구와 눈사람을 만드는 모습
⑤ 바닷가에서 수영을 하는 모습

19 교실에서 비밀 친구 활동을 할 때 지켜야 할 규칙으로 바른 것에 ○표 하세요.

[2. 우리의 겨울]

(1) 일정 기간을 약속합니다.　　　(　　)
(2) 내가 비밀 친구라는 것을 꼭 얘기합니다.　　　(　　)
(3) 비밀 친구에게 도움을 주는 일을 실천합니다.　　　(　　)

20 하트 모양 편지를 만들 때 가장 먼저 하는 일을 기호로 쓰세요.

[2. 우리의 겨울]

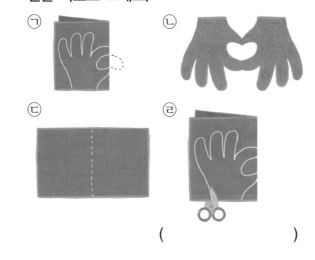

(　　　　　)

마무리 평가

마무리 평가

점수 기록표

실전과 같이 마무리 평가를 풀어 보고, 틀린 문항은 시험 직전에 다시 한 번 풀어 보세요.

과목	횟수	틀린 문항	점수	확인
국어	1회			
	2회			
	3회			
	4회			
수학	1회			
	2회			
	3회			
	4회			
가을·겨울	1회			
	2회			
	3회			
	4회			

단원평가 총정리

정답과 풀이

1·2

단원 평가

[국어]

 **1** 회   10~13쪽

1 ②   **2** ③   **3** 예 우리 조상들은 돌잔치를 하면서 아기가 건강하고 행복하게 자라기를 바랐다는 것을 알게 되었습니다.   **4** ①   **5** ⑤   **6** ②
7 현서   **8** ④   **9** (1) 예 야옹야옹 (2) 예 씽씽
10 ③   **11** (1) ○   **12** (1)-ⓒ (2)-ⓛ (3)-ⓐ
13 예 우리 가족은 냠냠 맛있게 김밥을 먹었다.
14 ㄶ   **15** ⑤

국어 활동 확인

1 손을 깨끗이 씻읍시다.   **2** (1) 납작 (2)
살금살금   **3** (1)-② (2)-③ (3)-①

풀이

1 돌잔치 때 돌잡이를 하였습니다.
2 실을 잡으면 오래 살 것이라고 여겼습니다.
3 자신이 이미 알고 있었던 내용과 새롭게 알게 된 점을 비교하여 봅니다.

> **다시 한 번 확인해요!**
>
> 글을 읽고 새롭게 알게 된 점 말하기 ➡ 8쪽
> • 이미 알고 있었던 내용을 생각해 봅니다.
> • 알고 싶은 점은 무엇인지 생각해 봅니다.
> • 새롭게 알게 된 점을 생각해 봅니다.

4 '낚'에는 받침 'ㄲ'이 들어 있습니다.

> **다시 한 번 확인해요!**
>
> 낱말의 받침에 주의하며 글 읽기 ➡ 8쪽
> • 같은 자음자가 두 개인 받침이 있습니다.
> • 받침 'ㄲ', 'ㅆ'이 들어간 글자에 주의하여 글을 읽습니다.

5 위 글에서 물에 젖지 않는 책에 대한 내용은 나오

지 않았습니다.
6 '나'는 책이 정말 좋다고 하였습니다.
7 현서는 그림이 예쁘다는 까닭을 알맞게 들어 말했습니다.
8 '반짝반짝'은 빛이 밝게 빛나는 모양을 흉내 내는 말입니다.
9 '야옹야옹'은 고양이 울음소리를 흉내 내는 말이고, '씽씽'은 빠르게 달리는 자전거의 소리를 흉내 낸 말입니다.

> **다시 한 번 확인해요!**
>
> 흉내 내는 말을 넣어 문장 만들기 ➡ 9쪽
> • 소리나 모양을 표현한 말을 흉내 내는 말이라고 합니다.
> • 그림이나 문장에 어울리는 흉내 내는 말을 찾아 씁니다.

10 '헉헉헉'은 숨을 몰아쉬는 소리를 흉내 내는 말입니다.
11 '다다다다'는 다리가 재빨리 움직이는 모습을 흉내 내는 말입니다.
12 '울긋불긋'은 단풍의 색, '윙윙'은 고추잠자리가 나는 모습, '깔깔'은 동생이 웃으며 뛰어다니는 모습을 흉내 낸 말입니다.
13 그림에 알맞은 흉내 내는 말을 생각하여 문장에 어울리게 써 봅니다.
14 '끊다'라고 써야 합니다.
15 '차도'의 끝 글자와 '지팡이'의 첫 글자를 살펴봅니다.

국어 활동 확인

1 건강한 생활을 위해 손을 깨끗이 씻어야 합니다.
2 '납작'은 '몸을 바닥에 바짝 대고 냉큼 엎드리는 모양', '살금살금'은 '남이 알아차리지 못하도록 살며시 행동하는 모양'을 흉내 내는 말입니다.
3 낱말에 들어 있는 받침에 주의하여 그림에 알맞은 낱말을 찾아봅니다.

 **국어 2 회** 16~19쪽

1 (1)-ⓒ (2)-ⓐ **2** (1) ○ **3** ③ **4** ⑤ **5** ⑩ 단풍이 들었다. 나뭇잎이 꽃잎처럼 보인다. **6** 원숭이 **7** (1) 원숭이 (2) 사자 **8** ④ **9** ③ **10** ②, ③, ⑤ **11** ② **12** ⑩ 제 꿈은 화가입니다. 우리나라의 아름다운 경치를 그려서 세계에 알리고 싶습니다. 주변의 경치를 잘 관찰하여 여러 가지 기법으로 그림을 그릴 것입니다. **13** 할아버지 생신 선물 **14** ⑩ 콩을 미끼로 써서 꿩을 잡았다. **15** ④

국어 활동 확인

1 (1) ⑩ 아이스크림 (2) ⑩ 아이스크림 (3) ⑩ 찢어질 2 (1) ○

풀이

1 작은따옴표와 큰따옴표를 구별하여 봅니다.

2 큰따옴표는 인물이 소리 내어 말한 것을 적을 때 쓰이므로 크게 읽어야 합니다.

다시 한 번 확인해요!

문장 부호의 쓰임 알기 ➡ 14쪽
• 작은따옴표(' '): 인물이 마음속으로 말한 것을 적을 때 씁니다.
• 큰따옴표(" "): 인물이 소리 내어 말한 것을 적을 때 씁니다.

3 두 친구가 다정한 모습에 어울리는 문장을 찾습니다.

다시 한 번 확인해요!

생각을 문장으로 나타내기 ➡ 14쪽
• 자신의 생각을 분명하게 드러낼 수 있는 문장을 만듭니다.
• '누가/무엇이 + 어찌하다/어떠하다'의 순서로 만듭니다.

4 이 그림에서 자전거의 모습은 볼 수 없습니다.

5 상황을 생생하게 나타내는 말을 넣거나 여러 개의 문장으로 만듭니다.

다시 한 번 확인해요!

여러 개의 문장으로 표현하기 ➡ 14쪽
• 전체 장면을 보고 문장으로 표현합니다.
• 장면을 부분으로 나누어 여러 개의 문장으로 표현합니다.
• 상황을 생생하게 나타내는 낱말을 넣습니다.
• 내용을 표현할 수 있는 낱말을 더 넣어 씁니다.

7 이야기의 내용을 파악하여 인물에게 하고 싶은 말을 생각하여 봅니다.

8 토토는 친구들 말을 잘 듣지 않아 친구를 찾아 동네를 헤매고 있습니다.

9 토토는 곰순이가 어디로 오라고 말할 때 딴생각을 하였습니다.

10 듣는 이를 바라보고 바른 자세로 서서 말합니다.

다시 한 번 확인해요!

듣는 이를 바라보며 자신 있게 말하기 ➡ 15쪽
• 고개를 들고 말합니다.
• 듣는 이를 바라보며 말합니다.
• 바른 자세로 서서 말합니다.
• 목소리가 너무 작으면 무슨 이야기인지 정확하게 알기 어려우므로 큰 소리로 말합니다.

11 말하는 이의 꿈은 요리사라고 하였습니다.

12 무엇이 되고 싶은지, 왜 하고 싶은지, 어떤 노력을 할 것인지 등을 씁니다.

13 아버지는 콩 한 알을 나누어 주며 할아버지 생신 선물을 마련해 보라고 하였습니다.

14 막내딸은 콩을 미끼로 써서 꿩을 잡았습니다.

15 콩을 하찮게 여기는 마음을 담아 읽습니다.

국어 활동 확인

1 문장을 자세하게 써 봅니다.
2 선생님의 말씀대로 과자를 넣은 통, 물, 돗자리를 넣은 가방을 찾습니다.

1 ④, ⑤　**2** (1) ○　**3** ①　**4** ⑤　**5** ④　**6** ①
7 예 슬퍼하며 원망하는 목소리로 읽는다.　**8** ㉠, ㉡　**9** ①, ④　**10** 세현이의 장난감을 망가뜨렸다.　**11** ②　**12** 예 장난감이 망가져서 속상한 마음을 말한다. / 희동이의 기분을 생각해서 괜찮다고 말한다.　**13** ⑤　**14** 예 그림이 망가져서 속상하지만 괜찮아. 다음부터는 조심해 줘.　**15** (1)-㉡ (2)-㉠

국어 활동 확인

1 (1)-㉡ (2)-㉠ (3)-㉢　2 (3) ○

풀이

1 알맞은 목소리로 읽어야 하는 까닭을 생각해 봅니다.

> **다시** 한 번 확인해요!
>
> 알맞은 목소리로 글을 읽어야 하는 까닭 ➡ 20쪽
> • 알맞은 목소리로 글을 읽으면 듣는 사람이 글의 내용을 잘 이해할 수 있습니다.
> • 듣는 사람이 편안하게 들을 수 있습니다.

2 즐거운 일로 사람들을 초대했거나 초대 받았던 경험이 알맞습니다.

3 설명하듯이 읽는 것은 이야기를 읽을 때에 필요한 방법입니다.

> **다시** 한 번 확인해요!
>
> 소리 내어 시 읽기 ➡ 20쪽
> • 장면과 인물의 마음을 떠올리며 시를 읽어 봅니다.
> • 부르는 말의 느낌을 살려 시를 읽어 봅니다.

4 실감 나게 말하듯이 읽습니다.

5 어미 새는 새끼 새를 아이에게 빼앗길까 두려운 마음으로 떨고 있습니다.

6 새끼 새가 어미 새와 함께 나무를 떠났습니다.

7 나무의 마음이 잘 드러나게 실감 나게 읽습니다.

> **다시** 한 번 확인해요!
>
> 알맞은 목소리로 이야기 읽기 ➡ 20쪽
> • 일어난 일을 설명할 때와 말하듯이 읽을 때를 구별해서 읽습니다.
> • 등장인물에 따라 목소리를 바꾸어 가며 읽습니다.

8 달콤 박쥐는 고운 말을 하였습니다.

9 뾰족 박쥐가 한 나쁜 말을 들으면 속상하고 기분이 좋지 않을 것입니다.

> **다시** 한 번 확인해요!
>
> 고운 말을 쓰면 좋은 점 알기 ➡ 20쪽
> • 친구의 마음을 생각하며 말할 수 있습니다.
> • 듣는 이의 기분을 좋게 해 줍니다.
> • 친구와 사이좋게 지낼 수 있습니다.

10 희동이는 세현이의 장난감을 망가뜨렸습니다.

11 세현이는 새 장난감이 생겨서 기뻐하고 있습니다.

12 자신의 속상한 마음을 말하면서 희동이의 기분도 생각해야 합니다.

> **다시** 한 번 확인해요!
>
> 자신의 기분을 말하는 방법 알기 ➡ 21쪽
> • 그런 기분이 드는 까닭을 함께 말합니다.
> • 듣는 사람의 기분을 생각해 말합니다.
> • 자신의 기분과 듣는 사람의 기분을 생각한 뒤에 정리한 생각을 차분하게 말합니다.

13 수혁이의 기분도 생각해서 시형이의 기분을 말하여야 합니다.

14 친구의 실수로 그림을 망치게 된 상황에서 듣는 이를 생각하며 자신의 기분을 말해야 합니다.

15 상황에 알맞은 인사말을 알아봅니다.

국어 활동 확인

1 인물의 마음에 따라 목소리가 달라집니다.

2 듣는 이를 생각하여 자신의 기분을 말합니다.

국어 4회　28~31쪽

1 ③　2 ④　3 예) 도둑은 너무 놀라 "멈춰라, 소금!"이라는 말을 잊어버렸다. / 도둑은 맷돌과 함께 바다에 가라앉았다.　4 토요일 아침　5 (1) 3 (2) 1 (3) 2　6 ②　7 (3) ○　8 ④　9 ②　10 ㉣　11 ①　12 ①, ③, ⑤　13 ②　14 예) 글의 내용에 드러나 있다. / 글의 제목을 보고 알 수 있다. / 설명하는 대상의 특성을 나누어 보면 알 수 있다.　15 가위

국어 활동 확인

1 (1) ○ (3) ○　2 송편

풀이

1 도둑은 바다를 건너다가 "나와라, 소금!"이라고 외쳤습니다.

2 도둑은 맷돌을 멈추지 못하여 맷돌과 함께 가라앉았습니다.

3 도둑의 생각이나 말, 행동을 살펴봅니다.

> **다시 한 번 확인해요!**
>
> 누가 무엇을 했는지 생각하며 글 읽기 ➡ 26쪽
> • 이야기에서 누가 나오는지 살펴봅니다.
> • 이야기의 흐름에서 누가 무엇을 하고 있는지 살펴봅니다.
> • 글에서 일어난 일을 알아봅니다.

4 토요일 아침에 놀이공원에 갔습니다.

5 놀이공원에 가서 회전목마를 타고 솜사탕을 먹었습니다.

> **다시 한 번 확인해요!**
>
> 일어난 일을 생각하며 글 읽기 ➡ 26쪽
> • 글에서 일이 일어난 장소가 어떻게 바뀌었는지 찾아봅니다.
> • 글에서 일어난 일을 차례대로 정리해 봅니다.

6 불이 나면 주변에 큰 소리로 알려야 합니다.

7 글의 내용과 관련이 없는 제목을 붙이면 안 됩니다.

> **다시 한 번 확인해요!**
>
> 내용에 알맞게 제목 붙이기 ➡ 26쪽
> • 제목은 글의 내용을 잘 드러내는 말입니다.
> • 글의 주요 내용에 알맞게 글의 제목을 붙입니다.
> • 글의 내용에 어울리는 제목은 여러 개가 있을 수 있습니다. 단, 제목과 그 제목을 고른 까닭이 적절해야 합니다.

8 글을 바르게 띄어 읽어야 어떤 내용인지 정확하게 알 수 있습니다.

9 맨 마지막 문장에 생각이나 느낌이 잘 드러나 있습니다.

10 문장이 끝날 때마다 띄어 읽어야 합니다.

> **다시 한 번 확인해요!**
>
> 글을 바르게 띄어 읽는 방법 알기 ➡ 27쪽
> • 문장을 확인합니다.
> • 문장이 끝나는 곳에 ∨를 합니다.
> • ∨를 한 곳에서 잠시 쉬었다가 읽습니다.
> • 문장의 내용을 생각하며 띄어 읽습니다.

12 문장이 끝나는 곳에서 띄어 읽습니다.

13 지우개의 색깔에 대해 알 수 있는 부분입니다.

14 설명하는 대상은 제목과 글의 내용을 살펴보면 알 수 있습니다.

> **다시 한 번 확인해요!**
>
> 글을 읽고 무엇을 설명하는지 알기 ➡ 27쪽
> • 설명하는 대상의 특성을 나누어 살펴봅니다.
> • 글에서 중요하게 말하고 있는 부분을 찾습니다.
> • 글에서 가장 많이 나오는 것을 찾습니다.

국어 활동 확인

1 다른 까마귀에게 물병의 물을 나누어 주지는 않았습니다.

2 추석을 대표하는 떡인 송편에 대해 설명하는 글입니다.

1 ②   2 ①, ②   3 ①   4 ⑤   5 ②, ③, ⑤
6 (1) 2 (2) 1 (3) 4 (4) 3   7 예 즐거운 체육 시간 / 고마운 친구들   8 ②   9 ㉢, ㉣   10 ①
11 ④   12 ⑤   13 ①   14 오징어   15 예 가위로 옷감을 자르는 듯한 몸짓을 한다.

국어 활동 확인

1 언제 있었던 일인지 말해요. / 누구와 있었던 일인지 말해요. / 어떤 일이 있었는지 말해요.   2 두찌   3 ①

풀이

2 일기의 마지막 문장에 다짐이 나타나 있습니다.

3 가을 운동회에 대해 이야기하고 있습니다.

5 주고받은 대화도 말합니다.

다시 한 번 확인해요!

겪은 일이 잘 드러나게 말하기 ➡ 32쪽

- 언제 어디에서 누구와 어떤 일이 있었는지 자세히 말합니다.
- 주고받은 대화도 말합니다.
- 더 말하고 싶은 내용을 생각해 말합니다.

---

6 시간 순서에 따라 일어난 일을 정리하여 봅니다.

7 겪은 일 가운데에서 가장 중요한 점이나 하고 싶은 말을 생각하여 제목을 붙여 봅니다.

8 아빠와 서점에 갔던 일을 일기로 썼습니다.

9 ㉠과 ㉡은 있었던 일을 쓴 부분입니다.

다시 한 번 확인해요!

겪은 일이 잘 드러나게 글 쓰기 ➡ 32쪽

- 겪은 일이 언제 어디에서 있었던 일인지, 생각이나 느낌은 무엇인지, 대화 내용은 무엇인지 정리합니다.
- 한 일은 시간 순서에 맞게 정리합니다.
- 글에 어울리는 제목을 정합니다.

---

10 누가 무엇을 하는 장면을 볼 때 어떤 생각이나 느낌이 들어서 재미있었다는 내용을 쓴 것을 찾아봅니다.

11 별을 먹고 반짝반짝해져서 친구들과 놀고 싶다고 하였습니다.

12 쫑긋쫑긋한 귀, 북슬북슬한 갈기, 뾰족뾰족한 이빨, 길쭉길쭉한 꼬리를 가졌다고 하였습니다.

다시 한 번 확인해요!

인물의 모습과 행동을 상상하기 ➡ 33쪽

- 인물의 모습이나 행동이 나타난 부분을 떠올려 봅니다.
- 이야기에서 인물의 모습과 행동을 나타낸 부분을 종합해 상상해 봅니다.

---

13 사자는 바람이 불면 털이 눈을 가려서 모자가 필요하다고 하였습니다.

14 오징어는 무지개 양말에 구두 신고 다리를 뽐낸다고 하였습니다.

15 재봉사가 옷을 만드는 몸짓을 생각하여 씁니다.

다시 한 번 확인해요!

인물의 말과 행동 따라 하기 ➡ 33쪽

- 각 장면에서 인물의 말과 어울리게 어떤 목소리로 말을 해야 할지 생각해 봅니다.
- 장면에 어울리는 목소리로 인물의 말을 실감 나게 따라 해 봅니다.
- 각 장면에서 인물의 행동을 어떻게 따라 하면 좋을지 생각해 봅니다.
- 장면에 어울리는 몸짓으로 인물의 행동을 따라 해 봅니다.

국어 활동 확인

1 언제 어디에서 누구와 어떤 일이 있었는지 자세히 말합니다.

2 언제 어디에서 누구와 있었던 일인지 잘 드러나게 말한 것을 찾습니다.

3 횡단보도에서 멈추어 선 아이를 찾아봅니다.

[수학]

1 90   **2** (1) – ㉢ (2) – ㉡ (3) – ㉠   **3** 일흔셋에 ○표   **4** ③, ④   **5** 72   **6** ㉡   **7** 94   **8** 85   **9** 예 지윤이는 어제까지 10문제씩 7쪽과 오늘 8문제를 풀었습니다. 10개씩 묶음 7개와 낱개 8개는 78이므로 지윤이가 푼 수학 문제는 모두 78문제입니다. ; 78   **10** 68 ; 70   **11** ㉠ 69 ㉡ 72   **12** 100   **13** <   **14** (1) < (2) >   **15** 93에 ○표   **16** 서진 **17** 63   **18** 예 ㉠ 여든일곱 ➡ 87, ㉢ 일흔하나 ➡ 71이므로 87, 79, 71 중에서 가장 큰 수는 10개씩 묶음의 수가 가장 큰 87이고, 79와 71의 낱개의 수를 비교하면 9>1이므로 79>71입니다. 따라서 큰 수부터 차례대로 기호를 쓰면 ㉠, ㉡, ㉢입니다. ; ㉠, ㉡, ㉢   **19** 9 ; 홀수에 ○표   **20** 24, 8

> **탐구 수학 활동**
> **1** 73   **2** 풀이 참조   **3** ㉢ ; ㉤

풀이

1 10개씩 묶음 9개를 90이라고 합니다.

2 (1) 10개씩 묶음 6개 ➡ 60 ➡ 육십, 예순
   (2) 10개씩 묶음 8개 ➡ 80 ➡ 팔십, 여든
   (3) 10개씩 묶음 7개 ➡ 70 ➡ 칠십, 일흔

3 73은 칠십삼 또는 일흔셋이라고 읽습니다.

4 ③ 83 – 여든셋   ④ 96 – 아흔여섯

5 10개씩 묶어 보면 10개씩 묶음 7개와 낱개 2개이므로 72개입니다.

6 ㉠ 칠십구 ➡ 79   ㉡ 여든아홉 ➡ 89
   ㉢ 10개씩 묶음 7개와 낱개 9개 ➡ 79

7 10개씩 묶음 9개와 낱개 4개인 수는 94이고, 구십사 또는 아흔넷이라고 읽습니다.

8 10개씩 묶음 8개와 낱개 5개인 수는 85입니다.

10 69보다 1만큼 더 작은 수는 69 바로 앞의 수이므로 68이고, 69보다 1만큼 더 큰 수는 69 바로 뒤의 수이므로 70입니다.

11 수를 66부터 순서대로 써 보면 66, 67, 68, 69, 70, 71, 72입니다. 따라서 ㉠은 69, ㉡은 72입니다.

12 아흔아홉을 수로 쓰면 99이고, 99보다 1만큼 더 큰 수는 100입니다.

13 10개씩 묶음이 더 많은 수가 더 큰 수입니다.

14 (1) 10개씩 묶음의 수를 비교하면 5<7이므로 71이 더 큰 수입니다.
   (2) 10개씩 묶음의 수가 같으므로 낱개의 수를 비교하면 5>1입니다. 따라서 95가 더 큰 수입니다.

15 93 > 59
      └─┘
      9 > 5

16 87과 78의 10개씩 묶음의 수를 비교하면 8>7이므로 87>78입니다.

17 10개씩 묶음의 수를 비교하면 73이 가장 큰 수입니다. 73을 제외한 68, 63 중에서 낱개의 수가 작은 63이 가장 작은 수입니다.

19 9는 2개씩 짝을 지을 수 없으므로 홀수입니다.

20 짝수는 2개씩 짝을 지을 수 있는 수이므로 24, 8입니다.

> **탐구 수학 활동**

1 10살짜리 초 7개와 1살짜리 초 3개이므로 할머니의 연세는 73세입니다.

2

51	52	53	54	55	56	57	58	59	60
61	62	63	64	65	66	67	68	69	70
71	72	73	74	75	76	77	78	79	80
81	82	83	84	85	86	87	88	89	90
91	92	93	94	95	96	97	98	99	100

3 모자: ㉠ 9 ➡ 홀수, ㉡ 15 ➡ 홀수,
        ㉢ 18 ➡ 짝수
   옷: ㉣ 8 ➡ 짝수, ㉤ 23 ➡ 홀수, ㉥ 30 ➡ 짝수

수학 ② 회

1 76 **2** (1) 39 (2) 78 **3** 89 **4** 60
5 58 **6** 85 **7** ⓒ, ㉠, ㉡ **8** 38 **9** ⑩ 낱개의 수끼리의 계산에서 6+ⓒ=9, ⓒ=3 입니다. 10개씩 묶음의 수끼리의 계산에서 ㉠+3=7, ㉠=4입니다. ; ㉠ 4, ⓒ 3 **10** 50
11 28 **12** 32 **13** 80, 50 **14** (1) − ⓒ
(2) − ⓒ (3) − ㉠ **15** (위에서부터) 88, 62, 14, 12 **16** < **17** 21 **18** ㉠, ⓒ, ㉡, ㉢
19 25 **20** ⑩ 차가 가장 크려면 가장 큰 수에서 가장 작은 수를 빼야 합니다. 만들 수 있는 가장 큰 수는 65이고, 가장 작은 수는 34이므로 뺄셈식은 65−34입니다. 따라서 두 수의 차는 65−34=31입니다. ; 31

탐구 수학 활동

1 풀이 참조 **2** 풀이 참조
3 22 ; 52 ; 23

풀이

1
```
   7 0
 +   6
 ─────
   7 6
```

2 낱개의 수끼리 더하고, 10개씩 묶음의 수는 그대로 내려 씁니다.

4 (초콜릿의 수)+(사탕의 수)
=20+40=60(개)

5 23+35=58

6 가장 큰 수는 73이고, 가장 작은 수는 12입니다. ➡ 73+12=85

7 ㉠ 62+7=69
ⓒ 31+40=71
ⓒ 27+41=68

8 (사과의 수)+(배의 수)
=25+13=38(개)

11 49−21=28

12
```
   6 7
 − 3 5
 ─────
   3 2
```

13 10개씩 묶음의 수끼리의 차가 3이 되는 두 수를 찾아봅니다.

14 (1) 86−52=34 (2) 78−25=53
(3) 68−32=36 ㉠ 59−23=36
ⓒ 95−42=53 ⓒ 54−20=34

15
```
   5 6      4 2      5 6      3 2
 + 3 2    + 2 0    − 4 2    − 2 0
 ─────    ─────    ─────    ─────
   8 8 ,    6 2 ,    1 4 ,    1 2
```

16 84−42=42, 56−13=43

17 (남은 사과의 수)
=(처음에 있던 사과의 수)−(먹은 사과의 수)
=25−4=21(개)

18 ㉠ 35+4=39 ⓒ 75−44=31
ⓒ 23+15=38 ㉢ 67−40=27

19 (남은 달걀의 수)
=(처음에 있던 달걀의 수)−(사용한 달걀의 수)
=37−12=25(개)

탐구 수학 활동

1
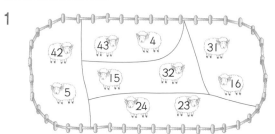

2
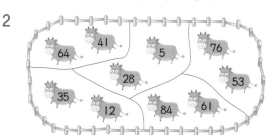

3 ⬛ : 56−34=22, 🛢 : 75−23=52,
⚪ : 38−15=23

 **수학 3 회** 54~57쪽

1 풀이 참조 **2** ( )(○)( ) **3** 3 **4** ㉠
5 (○)( )( ) **6** ㉣ **7** 풀이 참조
8 예 찰흙 위에 찍힌 모양은 △ 모양입니다.
△ 모양의 물건을 찾아보면 ㉠, ㉣, ㉤입니다.
따라서 △ 모양이 나올 수 있는 물건은 3개
입니다.; 3 **9** 풀이 참조 **10** 3
11 ( )( )(○) **12** ( )( )(○)
13 (○)( )( ) **14** ( )( )(○)
15 3 **16 예** ▢ 모양은 ㉢, ㉣, ㉥으로 3개,
△ 모양은 ㉡으로 1개, ● 모양은 ㉠, ㉤으
로 2개입니다. 따라서 가장 많은 모양은 ▢
모양입니다.; ▢ **17** 3 **18** 3; 4; 2
19 (○)( )( ) **20** (○)( )( )

탐구 수학 활동

1 (1) 3 (2) 5 (3) 5 **2 예** 칠판, 교과
서, 필통 ; 삼각자, 트라이앵글 ; 탬버린, 시
계, 딱풀 **3** 풀이 참조

풀이

1 ▢ △ ●
피자는 ● 모양입니다.

2 액자는 ▢ 모양, 도로 표지판은 △ 모양입니다.

3 삼각자, 샌드위치, 트라이앵글에서 △ 모양을 찾을 수 있습니다.

4 ㉡은 ● 모양, ㉢은 △ 모양입니다.

5 리모컨, 엽서, 필통, 지우개는 ▢ 모양입니다.

6 ㉠, ㉡, ㉢은 ● 모양이 나오고, ㉣은 △ 모양이 나옵니다.

7 ▢ △ ●
동전을 종이에 대고 본을 뜬 모양은 ● 모양입니다.

9

▢, △, ● 모양을 각각 찾아 같은 모양끼리 선으로 연결합니다.

10 (도형들)

11 애호박을 위에서 반듯하게 자르면 ● 모양으로 잘립니다.

15 ● 모양: , ,

17 얼굴과 단추 부분에 3개 이용하였습니다.

19 가방의 무늬를 만들 때 이용한 모양은 ●와 △ 모양입니다.

다시 한 번 확인해요!

여러 가지 모양 ➡ 52쪽
• ▢ 모양:
• △ 모양:
• ● 모양:

탐구 수학 활동

1 ▢ 모양:
△ 모양:
● 모양:

3 예

1 2, 4, 3, 9   **2** ⑴ 9   ⑵ 2   **3** 풀이 참조 ; ㉠ 앞에서부터 두 수씩 차례로 계산해야 하는데 뒤에서부터 계산했습니다.   **4** 3   **5** 9   **6** (○)(   )   **7** 12   **8** 13 ; 13   **9** ㉠ 이어서 세면 6하고 7, 8, 9, 10, 11입니다. 따라서 훌라후프를 6+5=11(개) 뛰어 넘게 됩니다. ; 11   **10** 6   **11** 5+3에 색칠   **12** ㉡, ㉠, ㉢   **13** ㉠ 지민이가 이번 주에 모아야 할 칭찬 붙임딱지를 □장이라고 하고 덧셈식을 쓰면 6+□=10입니다. 6과 더해서 10이 되는 수는 4이므로 □=4입니다. 따라서 지민이는 칭찬 붙임딱지를 4장 더 모아야 합니다. ; 4   **14** 10-3=7 ; 7   **15** (계산 순서대로) 10, 13 ; 13   **16** 풀이 참조 ; 19   **17** ⑴ - ㉡ ⑵ - ㉢ ⑶ - ㉠   **18** 18   **19** ㉠   **20** 5

탐구 수학 활동

1 6   **2** 8   **3** 7   **4** 진우

풀이

2 세 수의 뺄셈은 반드시 앞에서부터 두 수씩 차례로 계산합니다.

3

4 세 수의 뺄셈은 앞의 두 수의 뺄셈을 먼저 하고, 남은 수에서 나머지 한 수를 뺍니다.
$$7-3-1=4-1=3$$

5 (바구니에 들어 있는 채소의 수)
= (오이의 수) + (가지의 수) + (당근의 수)
= 5+2+2=7+2=9(개)

6 8-1-5=7-5=2
9-4-4=5-4=1

7 개구리 7마리하고 8, 9, 10, 11, 12마리이므로 7+5=12입니다.

8 5하고 6, 7, 8, 9, 10, 11, 12, 13이므로 5+8=13입니다. 8하고 9, 10, 11, 12, 13이 므로 8+5=13입니다.

10 수직선에서 보면 □=6입니다.
또는 4와 더해서 10이 되는 수는 6이므로 □=6입니다.

11

6+4 =10	5+3 =8	2+8 =10

12 ㉠ 10-3=7이므로 □=3입니다.
㉡ 10-1=9이므로 □=1입니다.
㉢ 10-6=4이므로 □=6입니다.

14 처음 가지고 있던 구슬의 수에서 동생에게 준 구슬의 수를 뺍니다.

16

9   (8 2)   9+8+2=9+10=19

다시 한 번 확인해요!

10을 만들어 더해 보기 ➡ 58~59쪽
① 3+7+6=10+6=16
② 5+8+2=5+10=15

17 ⑴ 6+4+5=10+5
⑵ 9+2+8=9+10
⑶ 5+5+6=10+6

18 3+7+8=10+8=18

19 ㉠ 4+5+6=10+5=15
㉡ 3+1+9=3+10=13
㉢ 4+8+2=4+10=14

20 14는 4와 10을 더한 수입니다. 따라서 ☆과 5를 더하면 10이 되므로 ☆은 5입니다.

탐구 수학 활동

1 3+2+1=5+1=6(점)

2 3+3+2=6+2=8(점)

3 3+2+2=5+2=7(점)

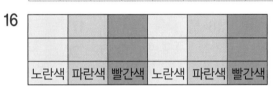

수학 5회

66~69쪽

1 (1) ‖‖ (2) ‖0, 30 2 민영 3 7 4 풀이 참조 ; 4 5 풀이 참조 ; 예 '●시'일 때 짧은바늘은 ●를, 긴바늘은 ‖2를 가리킵니다. 따라서 짧은바늘은 2, 긴바늘은 ‖2를 가리켜야 하는데 긴바늘이 6을 가리키고 있습니다. 6 ㉡ 7 ㉢ 8 (1) — ㉡ (2) — ㉠ 9 윤지 10 예 간식을 먹은 시각은 4시, 줄넘기를 한 시각은 5시, 책 읽기를 한 시각은 2시입니다. 가장 늦은 시각은 5시이므로 가장 나중에 한 일은 줄넘기입니다. ; 줄넘기 11 서진 12 ⚾에 ○표 13 풀이 참조 14 예 바위, 가위, 보가 반복되는 규칙으로 바위는 0, 가위는 2, 보는 5로 나타냅니다. ㉠은 바위이므로 0, ㉡은 보이므로 5입니다. 따라서 ㉠+㉡ =0+5=5입니다. ; 5 15 예 노란색, 파란색, 빨간색이 반복되는 규칙입니다. 16 풀이 참조 17 ㉠ 빨간색 ㉡ 보라색 18 44 ; 42 19 예 8씩 커지는 규칙입니다. 20 47

탐구 수학 활동

1 5, 30   2 ㉠, ㉢, ㉡   3 파란색

풀이

1 (1) 짧은바늘이 ‖‖, 긴바늘이 ‖2를 가리키므로 ‖‖시입니다.
  (2) 짧은바늘이 ‖0과 ‖‖ 사이, 긴바늘이 6을 가리키므로 ‖0시 30분입니다.

2 짧은바늘이 9, 긴바늘이 ‖2를 가리키므로 9시입니다.

4

5

6 긴바늘이 6을 가리키는 시각은 몇 시 30분입니다.

7 디지털시계는 6시 30분을 나타냅니다. ㉠은 5시 30분을 나타내고, ㉡은 긴바늘과 짧은바늘이 서로 바뀌었고, ㉢은 6시 30분을 나타냅니다.

8 (1) 짧은바늘이 3, 긴바늘이 ‖2를 가리키므로 3시입니다.
  (2) 짧은바늘이 4와 5 사이, 긴바늘이 6을 가리키므로 4시 30분입니다.

9 ‖2시 30분은 짧은바늘이 ‖2와 ‖ 사이, 긴바늘이 6을 가리키므로 시계에 바르게 나타낸 사람은 윤지입니다.

12 야구공, 야구공, 글러브가 반복되는 규칙입니다.

13

| △ | ▨ | ▨ | △ | △ | ▨ | ▨ | △ |

16

| 노란색 | 파란색 | 빨간색 | 노란색 | 파란색 | 빨간색 |

17 꽃은 빨간색, 보라색, 노란색이 반복됩니다.

18 50부터 2씩 작아지는 규칙이 있습니다. 따라서 빈칸에는 46보다 2만큼 더 작은 수인 44, 44보다 2만큼 더 작은 수인 42가 들어갑니다.

19 빨간색으로 색칠한 부분에 들어가는 수들은 30, 38, 46, 54로 8씩 커지는 규칙입니다.

20 세로줄의 수들은 7씩 커지는 규칙이 있으므로 ☆은 40보다 7만큼 더 큰 수인 47입니다.

탐구 수학 활동

1 짧은바늘이 5와 6 사이, 긴바늘이 6을 가리키므로 5시 30분입니다.

2 3시, 6시 30분, 5시 30분 중 이른 시각부터 차례로 쓰면 3시, 5시 30분, 6시 30분입니다. 따라서 먼저 한 일부터 차례로 기호를 쓰면 ㉠, ㉢, ㉡입니다.

3 노란색, 빨간색, 파란색, 보라색 옷이 반복되는 규칙이 있습니다. 따라서 빨간색 옷 다음에는 파란색 옷을 걸어야 합니다.

1 15 ; 15, 5   **2** 13 ; 13, 3   **3** 6 ; 6
4 (1) (왼쪽부터) 3 ; 13   (2) (왼쪽부터) 1 ; 16
5 (1) 11   (2) 14   **6** <   **7** 6+8 ; 14   **8**
14   **9** 11   **10** 예) 준서: 6+8=14, 지은:
9+4=13 ➡ 14>13이므로 합이 더 큰 준서
가 이겼습니다. ; 준서   **11** 7에 ○표, 5에 ○
표   **12** 8   **13** (1) (왼쪽부터) 3 ; 5   (2) (왼쪽
부터) 5 ; 6   **14** 8   **15** 8 ; 8   **16** ㉡   **17** 7
18 (3)(1)(2)   **19** 예) 책을 가장 많이 읽
은 사람은 다정이고, 가장 적게 읽은 사람은
민준이입니다. 다정이는 민준이보다 16−
7=9(권) 더 많이 읽었습니다. ; 9   **20** 예) 영
아가 고른 카드에 적힌 두 수의 합은
8+6=14입니다. 14−9=5이므로 민수는 5
보다 큰 수가 적힌 수 카드를 골라야 하므로 7
을 골라야 합니다. ; 7

탐구 수학 활동

1 11   **2** 8   **3** 11

풀이

3
➡ 사탕 16개는 10개와 6개로 가
르기를 할 수 있습니다.

5 (1) $4 + 7 = 11$

(2) $6 + 8 = 14$

7

5+7	5+8	5+9
12	13	14
6+7	6+8	6+9
13	14	15
7+7	7+8	7+9
14	15	16

오른쪽으로 가면 더하는 수가 1씩 커지므로 합
도 1씩 커집니다.

8 가장 큰 수는 9이고, 가장 작은 수는 5입니다.
➡ $9+5=14$

9 (안경을 쓴 남학생의 수)
+(안경을 쓴 여학생의 수)
=4+7=11(명)

11 4+7=11, 4+5=9, 7+5=12

12 $14-6=8$

14 $16-8=8$

15 13−5=8, 14−6=8
[다른 풀이] 오른쪽 수와 왼쪽 수가 1씩 커지므
로 차는 항상 8로 같습니다.

16 ㉠ $15-9=6$ ㉡ $14-7=7$ ㉢ $11-5=6$

17 (남은 풍선의 수)
=(처음에 있던 풍선의 수)−(터진 풍선의 수)
=12−5=7(개)

18 14−9=5, 12−4=8, 15−8=7

다시 한 번 확인해요!

여러 가지 방법으로 계산하기 ➡ 70~71쪽

• 덧셈하기

$7 + 6 = 13$ $7 + 6 = 13$

• 뺄셈하기

$13 - 7 = 6$ $13 - 7 = 6$

탐구 수학 활동

1 5+6=11(개)

2 13−5=8(개)

3 7+4=11(개)

[가을, 겨울]

가을 ❶ 회   80~83쪽

1 ③ 2 ② 3 ⑤ 4 버스놀이 5 예 식당에서 뛰거나 장난치지 않는다. 큰 소리로 떠들지 않는다. 음식을 바닥에 흘리지 않도록 한다.
6 ㉡ ㉠ ㉢ 7 ③ 8 ① 9 ① 10 예 물건을 아껴 쓸 수 있다. 돈을 내지 않고도 내가 필요한 물건을 얻을 수 있다. 11 트라이앵글
12 ④ 13 (1) – ㉡ (2) – ㉠ 14 ㉠ 15 ⑤
16 동서남북 놀이 17 ③ 18 혜민 19 ②, ⑤
20 ①

수행 평가

1

㉠	버스 통로에서 뛰어다니면 안 되기 때문에
㉡	아저씨가 다리를 벌리고 앉아서 옆 사람이 불편하기 때문에
㉢	버스 안에서 큰 소리로 전화 통화를 하고 있기 때문에
㉣	빈 좌석에 짐을 올려놓고 치워 주지 않아서 다른 사람이 못 앉고 있기 때문에

2 (1) 예 앉아 있던 자리를 깨끗하게 치운다. 꽃을 꺾지 않는다.
(2) 예 앞좌석을 발로 차지 않는다. 큰 소리를 내지 않는다.
(3) 예 뛰어다니거나 장난을 치지 않는다.

풀이

1 어른을 만났을 때는 고개를 숙이거나 허리를 굽혀 "안녕하세요."라고 인사를 하고, 존댓말을 사용해야 합니다.

2 놀이 기구는 엎드려 타거나 서서 타면 안 되고, 철봉에 매달려 있는 친구를 잡아당기지 않습니다. 그네를 다른 사람이 타고 있을 때는 앞이나 뒤로 지나가지 않습니다.

다시 한 번 확인해요!

놀이터에서 지킬 일 ➡ 78쪽
• 차례차례 질서를 지키며 놀이 기구를 이용합니다.
• 함부로 뛰어내리거나 거꾸로 오르는 등 놀이 기구에서 위험한 행동을 하지 않습니다.
• 쓰레기를 함부로 버리지 않습니다.

3 버스 안에서는 큰 소리로 통화하지 않고, 버스를 타고 내릴 때에는 차례를 지킵니다.

5 음식은 먹을 만큼만 덜어서 먹어야 하고, 입안의 음식을 다 씹은 후에 이야기를 나눠야 합니다.

6 꼬리 잇기 놀이를 할 때는 규칙을 잘 지키고, 앞뒤의 친구들을 배려하며 위험한 행동을 하지 않아야 합니다.

8 외할머니는 친척입니다. 이웃은 가족과 친척을 제외하고 나와 가까이 지내는 사람입니다.

9 너무 낡았거나 고장 난 물건들은 나눔 장터에서 나눌 수 없습니다.

12 우리가 학교에 갈 때 녹색 학부모께서 횡단보도를 안전하게 건널 수 있게 도와주십니다.

14 장 서방을 부르는 느낌으로 ㉠ 부분은 전체 학생이 다같이 부릅니다.

16 색종이를 각자 1장씩 준비해서 동서남북 종이접기를 합니다. 친구가 부른 숫자만큼 손가락에 낀 동서남북을 움직이는 방법으로 하는 놀이입니다.

18 한글을 잘 모르는 친구에게는 놀리지 말고 한글을 친절히 가르쳐 줘야 합니다.

수행 평가

1 ㉠: 어린아이가 버스 통로에서 뛰어다니고 있습니다. ㉡: 아저씨가 다리를 벌리고 앉아 있습니다. ㉢: 아저씨가 큰 소리로 전화 통화를 하고 있습니다. ㉣: 아주머니가 빈 좌석에 짐을 올려놓고 있습니다.

2 공원, 영화관, 마트, 도서관, 공중화장실, 은행, 전시장 등은 여러 사람이 함께 이용하는 곳이므로 지켜야 할 일이 있습니다.

1 ㉡ ㉠ ㉢ **2** ① **3** 베 짜기 **4** ㉡, ㉤ **5** 추석날 **6** 예 음식을 남기지 않고 맛있게 먹는다. 음식을 골고루 먹는다. 음식을 먹을 때마다 감사하며 먹는다. **7** ② **8** ㉢ **9** 경란 **10** ㉣ **11** ⑤ **12** ① **13** ④ **14** 풍물놀이 **15** (1) – ㉠ (2) – ㉢ (3) – ㉡ **16** ④ **17** 강강술래 **18** 예 추수해 주신 할아버지, 할머니, 큰아버지, 큰어머니 감사합니다. **19** ② **20** ①, ②

수행 평가

1

노란색	은행잎, 국화
빨간색	단풍잎

2　(1) 꽹과리　(2) 장구　(3) 북　(4) 징
　　(5) 소고　(6) 태평소

풀이

1 인형 대신 공, 책, 작은 상자를 사용해도 됩니다.

2 세배는 설날에 하는 일입니다.

3 베 짜기를 활용하여 저고리, 와이셔츠, 조끼, 돗자리, 가방 등을 만들 수 있습니다.

4 ㉠, ㉢, ㉣은 부모님과 친척들이 해야 할 일입니다.

5 '추석날' 노래의 노랫말은 추석날에 하는 일들입니다.

6 농사짓는 분들이 계셔서 우리가 먹을 것을 얻을 수 있기 때문에 항상 감사하는 마음을 가져야 합니다.

7 떡국은 설날 상차림에서 볼 수 있는 음식입니다.

다시 한 번 확인해요!

가을에 볼 수 있는 햇과일

▲ 사과　　▲ 배　　▲ 감

8 콩 주머니는 한 번에 한 개씩만 옮겨야 하고 던져서는 안 됩니다.

9 맛있는 열매를 주는 가을에 대하여 고마운 마음을 가지고, 열매가 잘 자라도록 도와준 해, 비, 바람, 땅 등에게 고마운 마음을 가집니다. 씨앗을 심는 계절은 많은 물을 주는 것은 비입니다.

10 ㉣ 개나리는 봄에 볼 수 있는 꽃입니다.

11 메뚜기, 사마귀는 풀밭에서 볼 수 있고, 잠자리, 나비는 하늘에서 볼 수 있습니다. 볼 수 있는 장소에 따라 무리 지은 것입니다.

12 장구나 소고 장단에 맞추어 노래를 부릅니다. 소고는 북면과 테를 번갈아 칩니다.

13 낙엽 뿌리기 놀이는 낙엽을 주워 주위에 뿌리는 놀이입니다.

14 풍물놀이는 우리 조상들이 농사일을 할 때 즐겼던 놀이입니다.

15 징은 웅장한 소리가 나고 장구는 경쾌하면서도 낮은 소리가 납니다. 꽹과리는 큰 소리가 납니다.

16 비사치기는 일반적으로 신체에 납작한 돌을 놓고 다른 편이 세워 놓은 납작한 돌을 쓰러뜨리는 놀이입니다.

17 강강술래는 시작 부분에서는 느리게 진행되다가 차츰 빨라집니다. 끝부분에서는 다시 느려집니다.

18 우리는 추수해 주신 분들께 항상 감사하는 마음을 가지고 음식을 남기지 말아야 합니다.

19 사촌 형들과 눈사람을 만들며 즐거운 시간을 보내는 것은 설날에 할 수 있습니다.

20 세계 여러 나라의 추석, 추석의 의미 등도 추석 정보 책 제목으로 알맞습니다.

수행 평가

1 가을에 볼 수 있는 동물과 식물은 색깔 외에 모양, 동물과 식물에 따라, 볼 수 있는 장소에 따라 나눌 수 있습니다.

2 풍물놀이는 놀이와 악기 연주, 몸동작을 모두 포함하고 있습니다.

겨울 **3** 회　　92~95쪽

1 ④ **2** ① **3** ㉠ **4** ⑤ **5** ㉡ ㉢ ㉠ ㉣ **6**
(1) – ㉡　(2) – ㉠　**7** ㉠　**8** ②　**9** 무궁화
10 ④　**11** ③　**12** 태극기　**13** 예 한복은 우리
의 아름다운 옷이다.　**14** ㉠, ㉡　**15** ④　**16**
④　**17** 예 남한과 북한은 오랜 역사를 함께한
민족이다.　**18** 통일　**19** (1) ◯　(2) ◯　(3) ✕
20 ①

수행 평가

1 ㉠ 백두산　㉡ 마르고　㉢ 우리나라
　 ㉣ 무궁화　㉤ 강산　㉥ 보전하세
2 (1) ㉡, ㉢, ㉥　(2) ㉠, ㉣, ㉤

풀이

1 각자 한구석에 자기 집을 그리고 순서를 정해 망
을 튀깁니다. 튀긴 지 세 번 만에 집에 돌아오면
망이 지나간 자리의 안쪽이 자기 집이 됩니다.

다시 한 번 확인해요!

땅따먹기 놀이

• 각자 한구석을 정한 뒤 뼘이나 발뒤꿈치를 중심
으로 빙글 돌려 자기 집을 그립니다.
• 그다음 가위바위보로 순서를 정합니다. 순서를
정해 자기 집에서 망을 튀깁니다. 튀긴 지 세 번
만에 집에 돌아오면 망이 지나간 자리의 안쪽이
자기 집이 됩니다.
• 자기 집을 가졌으면 '뼘 재 먹기'를 합니다. '뼘
재 먹기'란 자기 집과 집 사이, 또는 자기 집과
벽 사이의 길이가 뼘으로 재어 한 뼘이 되면 서
로 잇고 덤으로 그 사이의 땅이 자기 땅이 되는
것을 말합니다.

---

2 한복은 우리나라를 대표하는 옷입니다.
3 남생이 놀이는 하나의 큰 원을 그리면서 돌다가
앞소리꾼이 "남생아 놀아라." 하고 소리하면, 몇
몇 사람이 원 안으로 들어와 '촐래촐래가 잘 논
다."하고 받으면서 남생이 흉내를 내거나 춤을

추며 노는 놀이입니다.
4 우리의 전통 음식에는 잡채, 갈비, 식혜, 수정과
등 여러 가지가 있습니다.
6 우리 조상들은 나무, 흙, 종이, 짚, 돌 등을 집의
재료로 사용하였습니다.
7 문양을 색칠하여 장식품을 만들 때에는 ㉠ → ㉢
→ ㉣ → ㉡의 순서로 만듭니다.
8 태극 모양의 윗부분은 빨간색이고, 아랫부분은
파란색입니다.
9 애국가의 후렴 부분입니다. '보전'을 '보존'으로
부르지 않도록 주의합니다.
10 애국가는 바른 자세로 서서 친구와 장난치거나
두리번거리지 않고 부릅니다. 큰 목소리로 씩씩
하게 노랫말을 정확히 알고 부릅니다.
11 지점토를 손으로 반죽하여 꽃잎을 만듭니다. 둥
근 기둥 모양의 수술을 만들어 꽃잎 가운데에 붙
입니다.
13 첨성대, 도자기, 김치, 무궁화, 불고기 등은 우리
나라를 소개하기 위한 자료가 됩니다.
14 ㉢, ㉣, ㉤은 남한에서 볼 수 있는 생활 모습입니다.
15 두 모둠이 마주 앉아 다리를 번갈아 편 후 다리를
차례로 짚어 가며 노래를 부릅니다. 노랫말 끝말
에 짚은 다리를 접고 두 다리를 먼저 접는 사람이
이깁니다.
16 남한의 어린이날은 5월 5일이고, 북한은 어린이
를 위한 날이 두 번 있습니다.
19 우리와 북한은 같은 민족입니다.
20 통일 비행기에는 통일이 되어야 할 수 있는 일을
적습니다.

수행 평가

1 애국가는 '나라를 사랑하는 노래'라는 뜻입니다.
2 남한과 북한의 같은 점은 한글을 사용하고 김치
와 냉면 같은 음식을 먹는 점입니다. 또한 씨름,
윷놀이와 같은 전통 놀이를 하고 설날과 추석 같
은 명절이 있습니다.

겨울 4 회

1 얼음 2 ③ 3 예 규칙을 잘 지킨다. 서로 양보하여 즐겁게 지낸다. 4 ㉠ 5 ③ 6 (1) - ㉡ (2) - ㉢ (3) - ㉠ 7 가습기 8 ㉠, ㉣ 9 돋보기 10 (1) ○ 11 ⑤ 12 ③ 13 꼬마 눈사람 14 ㉠, ㉢ 15 ㉠ 16 예 눈 속에 다른 물건을 넣지 않는다. 얼굴에 던지지 않는다. 17 ① 18 ② 19 ⑤ 20 ㉠ ㉢ ㉡ ㉣

수행 평가

1

옛날의 생활 도구	오늘날의 생활 도구
솜옷, 화로, 털방석, 물수건	오리털 점퍼, 가습기, 전기난로, 전기방석

2 겨울과 관련된 나의 경험을 그림으로 나타냅니다.

풀이

1 겨울이 되면 처마 밑 고드름, 얼어 있는 호수, 나뭇가지의 얼음 등을 볼 수 있습니다.

2 딱지를 만들 때는 반으로 접은 두꺼운 종이를 서로 엇갈리게 놓고, 한 방향으로만 접다가 마지막 칸에 끼웁니다.

3 친구들과 놀이를 할 때는 무조건 이기는 것이 중요한 것이 아닙니다.

4 ㉠은 팽이가 돌아갈 때처럼 균형을 잡는 모습입니다.

5 선풍기는 여름에 사용하는 생활 도구입니다.

6 날씨가 추울 때는 장갑, 목도리, 귀마개, 단열 뽁뽁이, 난로, 건조할 때는 보습제, 가습기, 땅이 얼었을 때는 제설제, 모래, 눈길 덧신 등과 같은 도구가 필요합니다.

7 겨울철은 건조하기 때문에 가습기가 필요합니다.

9 돋보기로 눈 결정을 관찰합니다.

10 (2)는 '반짝반짝' 노랫말을 표현한 모습입니다.

11 연날리기를 할 때는 연과 얼레가 필요합니다.

12 골판지로 눈사람의 얼굴, 몸, 모자, 목도리 등을 만든 것입니다.

13 '꼬마 눈사람'은 신나고 재미있는 노래입니다.

14 다른 사람들이 미끄러지지 않게 가게 앞에 쌓인 눈은 치워야 하고, 지나가는 친구가 불편하지 않게 복도에서는 놀지 않습니다.

15 배려는 남을 생각하는 마음으로 남이 불편해하지 않도록 미리 생각해 행동하는 것입니다.

다시 한 번 확인해요!

하트 모양 편지지 만들기

• 도화지를 반으로 접고 막힌 부분을 오른쪽으로 가게 해서 놓습니다.
• 도화지에 왼손을 올려놓고 그립니다.(엄지는 살짝 구부리고 검지 끝은 도화지 끝부분에 닿도록 합니다.)
• 도화지가 겹쳐진 채로 가위로 손 모양을 오립니다. (엄지와 검지 부분이 잘리지 않도록 유의합니다.)
• 한쪽 면에는 편지를 쓰고 반대쪽 면에는 털장갑 꾸미기를 하여 편지를 완성합니다.

16 눈덩이를 적당한 크기로 만들고 눈 속에 다른 물건을 넣지 않습니다.

17 벚꽃 구경은 봄의 모습을 그릴 때의 주제로 알맞습니다.

18 친구에게 도움을 주거나 도움을 받으면 기분이 좋고 웃음이 나며 고마운 마음이 듭니다. 나도 다른 친구를 도와주고 싶어집니다.

19 ① 공은 던지지 않고 굴려야 합니다. ② 공격과 수비는 한 번에 5분 정도씩 바꿔 가며 놀아야 합니다. ③ 수비는 절대 공을 만지지 않습니다. ④ 공격은 원 밖에 수비는 원 안에 있습니다.

수행 평가

1 겨울에는 얼음이 얼고 추우며 바람이 많이 불기 때문에 여러 가지 생활 도구가 필요합니다.

2 겨울과 관련된 경험을 각자 창의적으로 표현해 봅니다.

마무리 평가

국어 1 회
104~107쪽

1 ②, ④, ⑤ 2 ⑴ ○ 3 ① 4 ⑤ 5 " "
6 ⑩ 호수가 잔잔하다. / 사람들이 배를 탄다.
7 콩 한 알 8 ③ 9 ①, ⑤ 10 ⑤ 11 ⑩
나도 주인공이 어떻게 될지 궁금해. 다 읽고
나서 서로 바꾸어 읽자. 12 ⑤ 13 토요일
아침 14 ① 15 ⑩ 솜사탕을 먹었다. 16 ⑵
○ 17 ㉢, ㉣ 18 ② 19 ② 20 ⑵ ○

풀이

1 글쓴이는 만화책, 색칠하기 책, 두꺼운 책, 얇은
책, 공룡, 괴물, 우주, 해적이 나오는 책을 좋아한
다고 하였습니다.

다시 한 번 확인해요!

여러 가지 모양의 책 읽기 ➡ 8쪽
• 여러 가지 모양의 책: 병풍책, 입체책 등
• 여러 가지 종류의 책: 헝겊책, 퍼즐책, 소리책, 촉
  각책 등
• 여러 가지 종류와 내용의 책을 찾아 읽어 봅니다.

2 이 글에서 입체 그림책이나 나무에 관한 책을 읽
었다는 말은 찾을 수 없습니다.

4 울긋불긋은 단풍의 색을 흉내 내는 말입니다.

5 인물이 소리 내어 말한 것을 적을 때에 큰따옴표
를 씁니다.

다시 한 번 확인해요!

문장 부호의 쓰임 알기 ➡ 14쪽
• 작은따옴표(' '): 인물이 마음속으로 말한 것을
  적을 때 씁니다.
• 큰따옴표(" "): 인물이 소리 내어 말한 것을 적을
  때 씁니다.

6 잔잔한 호수의 모습, 배를 타는 사람들의 모습을
표현하여 봅니다.

7 아버지께서 할아버지 생신 선물을 준비하라고
콩 한 알을 주셨습니다.

8 딸들이 어떤 선물을 준비할지 기대하는 목소리
로 자상한 느낌을 살려 읽습니다.

다시 한 번 확인해요!

느낌을 살려 이야기 읽어 주기 ➡ 15쪽
• 인물의 마음을 알아봅니다.
• 어울리는 표정과 목소리로 읽습니다.

9 '참새야, 노랑나비야'라고 부르는 말로 알 수
있습니다.

10 즐거운 마음으로 집에 모인 친구들이 모습이므
로 즐거운 일이 있을 때의 마음을 떠올려
읽어야 합니다.

11 책을 읽고 싶은 지우의 마음과 주선이의 기분을
생각하여 말합니다.

12 처음 만나는 엄마 친구분을 만나서 인사드리는
그림입니다.

다시 한 번 확인해요!

고운 말로 인사하기 ➡ 21쪽
• 상황에 맞는 바른 인사말을 사용합니다.

14 회전목마를 탈 생각을 하니 마음이 설렜다고 하
였습니다.

15 일이 일어난 장소가 어떻게 바뀌었는지 차례대
로 정리하여 씁니다.

16 글을 바르게 띄어 읽어야 어떤 내용인지 정확히
알 수 있습니다.

17 문장이 끝나는 곳에서 띄어 읽어야 합니다.

19 모래 장난을 하며 즐거웠다가 눈에 모래가 들어
가서 화가 났습니다. 동생이 먼저 잘못했는데 엄
마께 꾸중을 들어서 억울했습니다.

20 기지개는 피곤할 때에 몸을 쭉 펴고 팔다리를 뻗
는 일입니다.

1 6, 60　　**2** (1) − ㉠ (2) − ㉢ (3) − ㉡
3 > ; 큽니다에 ○표 ; 작습니다에 ○표
4 65, 68　　**5** 32, 56　　**6** ㉡　　**7** 42 ; 32
8 � 팔고 남은 연필의 수는 처음에 있던 연필의 수에서 판 연필의 수를 뺍니다.
➡ 79−56=23(자루) ; 23　　**9** ㉠, ㉣
10 (○) (　) (　)　　**11** 3, 2, 3, 8
12 (1) − ㉡ (2) − ㉠ (3) − ㉢　　**13** � (준영이가 가지고 있던 구슬의 수)=(빨간색 구슬의 수)+(파란색 구슬의 수)=7+3=10(개)
(동생에게 주고 남은 구슬의 수)=(가지고 있던 구슬의 수)−(동생에게 준 구슬의 수)
=10−4=6(개) ; 6　　**14** 3, 16　　**15** 4
16 풀이 참조　　**17** 8, 12　　**18** � 🖐−✌
−🖐 가 반복되는 규칙입니다. 빈칸에 들어갈 것은 🖐, ✌이므로 펼친 손가락은 모두 7개입니다. ; 7　　**19** (1) 16 (2) 14　　**20** 선우

풀이

2 ㉠ 67 → 육십칠, 예순일곱
　　㉡ 87 → 팔십칠, 여든일곱
　　㉢ 79 → 칠십구, 일흔아홉

3 10개씩 묶음의 수가 다르므로 10개씩 묶음의 수를 비교하면 83이 69보다 큽니다.

다시 한 번 확인해요!

두 수의 크기 비교하기 ➡ 41쪽

① 10개씩 묶음의 수를 비교합니다.
　➡ 10개씩 묶음의 수가 큰 수가 더 큽니다.
　� 72 > 49
　　　　└7>4┘
② 10개씩 묶음의 수가 같으면 낱개의 수를 비교합니다. ➡ 낱개의 수가 큰 수가 더 큽니다.
　� 64 < 68
　　　　└4<8┘

4 66보다 1만큼 더 작은 수는 65이고, 67보다 1만큼 더 큰 수는 68입니다.

6 ㉠ 53+32=85　㉡ 66+20=86 ➡ ㉠<㉡

7 47−5=42, 85−53=32

9 ㉡은 ⬤ 모양, ㉢은 ▲ 모양입니다.

10 ◼ 모양은 5개, ▲ 모양은 3개, ⬤ 모양은 3개 이용하였습니다.
따라서 가장 많이 이용한 모양은 ◼ 모양입니다.

12 더하는 두 수를 바꾸어 더해도 합이 같습니다.

13 7+3=10(개), 10−4=6(개)

14 7과 더해서 10이 되는 수는 3이므로 ○ 안에 들어갈 수는 3입니다.
6+7+3=6+10=16입니다.

15 짧은바늘이 4를 가리키고, 긴바늘이 12를 가리키므로 4시입니다.

16

긴바늘이 6을 가리키고, 짧은바늘이 3과 4 사이를 가리키도록 그립니다.

17 2씩 커지는 규칙이 있습니다.
2　4　6　8　10　12

18 보는 손가락을 5개 펼치고, 가위는 손가락을 2개 펼칩니다.

19 (1) 9 + 7 = 16
　　　　　　└1　6
　　(2) 8 + 6 = 14
　　　　　4　4

20 선우 : 12−5=7
지은 : 13−7=6
7>6이므로 선우가 이겼습니다.

가을, 겨울 ① 회

111~113쪽

1 ①, ③ **2** ㉢ 영화관 **3** ④ **4** ⑤ **5** ㉢ ㉠ ㉡ **6** ⑤ **7** (1) – ㉢ (2) – ㉠ (3) – ㉡ **8** ㉠ 두 ㉡ 네 **9** ⑩ 징은 웅장한 소리가 난다. 장구는 경쾌하면서도 낮은 소리가 난다. **10** ② **11** ① **12** ② **13** ③ **14** ① **15** ⑩ 두 다리를 먼저 접는 사람이 이긴다. **16** ② **17** ③, ④ **18** ⑤ **19** 꼬마 눈사람 **20** ①

풀이

1 어른을 만났을 때는 고개를 숙이고 허리를 굽혀 인사합니다. 어른과 얘기를 나눌 때에는 예의 바르고 공손한 태도로 합니다.

2 영화관은 여러 사람이 이용하는 장소입니다. 함께 이용하는 장소에서는 서로 지켜야 할 일이 있습니다. 도서관에서는 떠들지 않고 조용히 하며, 공원에서는 함부로 쓰레기를 버리지 않고 꽃을 꺾지 않습니다.

3 나눔 장터는 자신이 쓰지 않는 물건들을 다른 사람들에게 나누어 주거나 나에게 필요한 물건을 얻을 수 있는 곳이므로 크고 무거운 물건이 많은 가구점은 알맞지 않습니다.

4 '꿩 꿩 장 서방'은 전래 동요로 노랫말을 살펴보면 옛날 우리 이웃들의 사는 곳, 먹는 것, 생활 모습이 잘 드러나 있습니다.

5 음식 그림을 그리기 어려운 경우에는 음식 이름을 쓰는 활동으로 대체할 수 있습니다.

6 기관사는 역을 돌며 모둠원들을 한 명씩 태웁니다.

7 ⑴은 송편, ⑵는 갈비찜, ⑶은 밥입니다.

8 잠자리는 곤충입니다. 눈은 두 개, 날개 네 장, 다리는 여섯 개입니다. 몸은 머리, 가슴, 배로 나눕니다.

9 풍물놀이에 쓰이는 악기에는 꽹과리, 장구, 북, 징, 소고, 태평소 등이 있습니다.

10 추석 정보 책을 만들 때는 추석의 의미, 추석 음식, 추석 때 하는 일이나 놀이, 세계 여러 나라의 추석에 대한 정보를 조사합니다.

11 술래잡기 놀이를 할 때는 가위바위보를 하여 술래 한 명을 정합니다.

12 땅따먹기 놀이를 할 때 망을 튀길 때는 손가락으로 밀지 말고 엄지와 집게손가락 또는 가운뎃손가락의 손톱으로 튀깁니다.

13 무궁화는 우리나라를 상징하는 꽃으로 '영원히 피고 또 피어서 지지 않는 꽃'이라는 뜻을 지니고 있습니다.

다시 한 번 확인해요!

우리나라 꽃, 무궁화

　태극기가 우리나라 국기라는 사실은 법률로 규정하고 있지만 애국가나 무궁화는 국가, 국화라고 법률로 정해 두고 있지 않습니다.
　무궁화는 법률적 규정은 아니지만 관습적으로 즉 모든 국민이 무궁화가 우리나라를 상징하는 국화로 알고 있습니다. 이에 무궁화를 국화로 표현해도 무방합니다. 외국의 경우도 국기, 국가, 국화를 법률로 정하기보다는 관습적으로 정해 놓고 사용하고 있습니다.

14 우리나라 소개 자료를 만들 때에는 ① → ③ → ④ → ② → ⑤의 순서로 만들고 전시합니다.

15 다리 빼기 놀이는 '다리 빼기' 노래에 맞춰 다리를 세어 가다가 노랫말 끝말에 짚은 다리를 접습니다.

16 종이 팽이는 이쑤시개의 끝을 잡고 똑바로 세워 힘껏 돌립니다.

17 가습기는 플라스틱 통에 나무젓가락과 휴지를 걸고 휴지가 반쯤 잠기게 통에 물을 넣어 만듭니다.

18 눈을 살펴볼 때는 발로 밟아 보거나, 손으로 만져 보거나 돋보기로 살펴보거나 뭉쳐 봅니다.

19 '꼬마 눈사람' 노래를 들어 보면 신나고 경쾌하며 재미있는 느낌이 듭니다.

20 수비 편은 원 안에 들어가 서고, 절대로 공을 만지지 않습니다. 공을 맞으면 원 밖으로 나가 앉아 있도록 합니다.

1 ④ 2 (1)-㉠ (2)-㉢ (3)-㉡ 3 ② 4 ⑩
자전거가 씽씽 달린다. / 고양이가 야옹야옹
운다. / 구름이 둥실둥실 떠 있다. 5 작은따
옴표 6 (1) ○ 7 ⑤ 8 ①, ③ 9 ④ 10
㉢ 11 ㉡, ㉣ 12 ⑤ 13 "멈춰라, 소금!"
14 ⑩ 맷돌을 훔쳐서 배를 타고 가다가 맷돌과
함께 바닷속에 가라앉았다. 15 ③ 16 ㉣
17 ⑤ 18 ⑩ 즐거운 체육 시간 / 고마운 친구
들 19 ① 20 ②, ③

풀이

1 여러 가지 물건 가운데에서 한두 개를 잡는 것을
돌잡이라고 합니다.

2 아기가 집는 물건을 보고 아기의 장래와 성격을
짐작할 수 있었습니다.

3 '활짝'은 꽃이 화사하게 핀 모습을 흉내 낸 말입
니다.

4 고양이의 울음소리, 자전거가 달리는 모습, 구름
이 떠 가는 모습 등을 표현하여 봅니다.

다시 한 번 확인해요!

흉내 내는 말을 넣어 문장 만들기 ➡ 9쪽
• 소리나 모양을 표현한 말을 흉내 내는 말이라고
합니다.

⑩	쏙쏙	싹이 나온 모양을 흉내 낸 말
	주룩주룩	비가 내리는 소리를 흉내 낸 말

6 큰따옴표의 쓰임에 맞게 읽습니다.

7 토토가 선생님 말씀을 귀 기울여 듣지 않는 바람
에 준비물을 가져오지 않아서 생긴 일입니다.

8 말하는 사람을 바라보며 귀 기울여 듣습니다.

9 즐거운 일이 있을 때 다 부른다고 하였습니다.

10 부르는 말의 느낌을 살려 읽어야 합니다.

11 '친구들아, 정말 반가워!, 나무님, 감사해요!' 와
같은 고운 말을 들으면 기분이 좋아집니다.

다시 한 번 확인해요!

고운 말을 쓰면 좋은 점 알기 ➡ 21쪽
• 친구의 마음을 생각하며 말할 수 있습니다.
• 듣는 사람의 기분을 좋게 해 줍니다.
• 친구와 사이좋게 지낼 수 있습니다.

12 듣는 사람의 기분을 생각하여 자신의 기분을 말
해야 합니다.

13 신기한 맷돌은 "멈춰라, 소금!"을 외쳐야 멈춥
니다.

15 비사치기는 상대의 돌을 다 넘어뜨리면 이기는
놀이입니다.

16 문장이 끝나는 곳에서 띄어 읽어야 합니다.

다시 한 번 확인해요!

글을 바르게 띄어 읽는 방법 알기 ➡ 27쪽
• 문장을 확인합니다.
• 문장이 끝나는 곳에 ∨를 합니다.
• ∨를 한 곳에서 잠시 쉬었다가 읽습니다.
• 문장의 내용을 생각하며 띄어 읽습니다.

17 힘들게 달렸는데도 꼴찌를 한 것이 실망스러워
아무 말도 하지 않았습니다.

18 겪은 일 가운데에서 가장 중요한 점을 생각하여
제목을 정합니다.

19 아이들은 만나는 동물들에게 괴물이 어떻게 생
겼는지를 묻고 있습니다.

20 괴물은 토끼처럼 쫑긋쫑긋한 귀를 가졌고, 사자
처럼 북슬북슬한 갈기를 가졌다고 하였습니다.

다시 한 번 확인해요!

인물의 모습과 행동을 상상하기 ➡ 33쪽
• 인물의 모습이나 행동이 나타난 부분을 떠올려
봅니다.
• 이야기에서 인물의 모습과 행동을 나타낸 부분을
종합해 상상해 봅니다.

수학 ❷회 118~120쪽

1 70 ; 칠십, 일흔 **2** 7, 4, 74

3 78, 80 **4** 몐 윤아가 주운 밤은 57개보다 1개 더 많으므로 58개입니다. 57, 72, 58의 크기를 비교하면 10개씩 묶음의 수가 큰 72가 가장 큰 수이고, 57과 58의 낱개의 수를 비교하면 58이 더 큽니다. 따라서 밤을 많이 주운 순서대로 이름을 쓰면 진수, 윤아, 진혜입니다. ; 진수, 윤아, 진혜

5 (1) 80 (2) 68 **6** 60, 30

7 (1) − ㉡ (2) − ㉢ (3) − ㉠

8 14, 23, 37 ; 20, 3

9 ( ) ( ) (○) **10** 5, 3, 3

11 (1) 9 (2) 2 **12** 6, 5, 11

13 (1) 4 (2) 5

14 (1) − ㉡ (2) − ㉢ (3) − ㉠ **15** 5

16 풀이 참조 **17** ☀에 ○표 **18** 15

19 > **20** ( ) ( ) (○)

풀이

1 10개씩 묶음 7개이면 70입니다.

3 79보다 1만큼 더 작은 수는 79 바로 앞의 수이므로 78이고, 79보다 1만큼 더 큰 수는 79 바로 뒤의 수이므로 80입니다.

4 진혜는 57개, 진수는 72개, 윤아는 58개를 주웠으므로 진수, 윤아, 진혜 순서가 됩니다.

5 낱개의 수끼리, 10개씩 묶음의 수끼리 각각 더합니다.

    (1)   2 0
       +6 0
        8 0

    (2)   4 5
       +2 3
        6 8

6 10개씩 묶음의 수끼리의 차가 3이 되는 두 수를 찾아봅니다.

7 (1) 32+24=56
    (2) 41+7=48

(3) 13+32=45
   ㉠ 47−2=45
   ㉡ 88−32=56
   ㉢ 69−21=48

8 10개씩 묶음의 수끼리, 낱개의 수끼리 더하여 나온 수를 더하여 구할 수 있습니다.

9 ◯ 모양을 모아 놓은 것입니다.

11 (1) 5+1+3=6+3=9
    (2) 8−2−4=6−4=2

12 참새 6마리에 5마리 더 있으므로 6하고 7, 8, 9, 10, 11 해서 참새는 모두 11마리입니다.

13 더해서 10이 되는 두 수는 1과 9, 2와 8, 3과 7, 4와 6, 5와 5입니다.

14 합이 10이 되는 두 수를 먼저 더합니다.
    (1) 3+8+2=3+10
    (2) 7+3+5=10+5
    (3) 1+9+6=10+6

15 긴바늘이 12를 가리키고, 짧은바늘이 5를 가리키므로 5시입니다.

16

8시 30분은 긴바늘이 6을 가리키고, 짧은바늘은 8과 9 사이를 가리키게 그립니다.

17 ☀−★−☀가 반복되는 규칙이 있습니다. 따라서 빈칸에는 ☀가 들어갑니다.

18 7 + 8 = 15
     5 2

19 5 + 9 = 14, 6 + 7 = 13
   4 1   3 3

20 12−6=6, 13−5=8, 14−9=5

1 (1) × (2) ○ (3) × **2** ③ **3** ㉢ **4** 예 옆집 아주머니께서 맛있는 음식을 나누어 주셨다. **5** (1) ○ (2) × (3) × **6** ㉠, ㉣ **7** ③ **8** ⑤ **9** ⑤ **10** 예 감사의 마음을 담아 편지를 쓴다. 시를 지어 드린다. **11** ㉡ **12** ③ **13** (1) ○ **14** 태극기, 무궁화 **15** ②, ③ **16** 얼음 **17** ④ **18** ㉠ **19** ④ **20** ⑤

풀이

1 버스는 여러 사람이 함께 이용하는 이동 수단입니다. 버스 안에서 큰 소리로 떠들지 않아야 하고, 뛰어다니지 않습니다.

2 작품의 제목은 '빨래터'입니다. 수도가 없던 옛날에는 맑은 물이 흐르는 빨래터에 모여 빨래를 했습니다.

3 나눔 장터에서는 안 쓰는 장난감, 못 입는 옷, 많이 사용하지 않은 학용품, 다 읽은 책 등을 나눌 수 있습니다. ㉢은 에어컨입니다.

4 녹색 학부모, 소방관, 환경미화원, 버스 기사, 경찰관 등이 우리 주변의 고마운 이웃입니다.

5 반가운 사람이 누르는 초인종 소리, 이웃 사람들이 모여 함께 운동을 하면서 이야기를 나누는 소리도 듣기 좋은 소리입니다.

다시 한 번 확인해요!

> 이웃에서 들을 수 있는 소리
> • 듣기 좋은 소리: 새로운 소식을 알려 주는 소리, 반가운 사람이 누르는 초인종 소리, 아이들이 즐겁게 웃는 소리, 이웃 사람들이 모여 함께 운동을 하면서 이야기를 나누는 소리
> • 듣기 싫은 소리: 밤에 피아노를 치는 소리, 뛰어다니면서 쿵쿵대는 소리, 늦은 시간에 청소를 하거나 세탁기를 돌리는 소리, 큰 소리로 떠들거나 혼내는 소리

6 떡국과 팽이는 설날과 관계있습니다.

7 농사짓는 사람들이 사라진다면 마트에 가도 먹을 것이 없을 것입니다.

8 가을에 볼 수 있는 것은 단풍잎입니다. 목련, 벚나무, 개나리, 진달래 등은 봄에 피는 꽃입니다.

9 낙엽을 만져 보고 직접 보면서 여러 가지 놀이를 합니다. 낙엽으로 음식을 만들어 먹는 놀이는 알맞지 않습니다.

10 좋아하는 노래에 감사의 마음을 담은 노랫말로 바꾸어 노래를 불러 드리는 것도 감사의 마음을 표현하는 방법입니다.

11 여자 한복 옷섶을 표현할 때는 색종이를 비스듬한 반원 모양으로 접어 가운데 부분으로 모여 접기합니다. ㉢은 큰 색종이를 뒤집어 사선으로 접어 치마 모양을 만든 것입니다.

12 공처럼 만든 지점토를 손바닥으로 길게 늘인 다음 말아 올리며 만듭니다.

13 태극 무늬의 위쪽은 빨간색, 아래쪽은 파란색입니다.

14 태극기는 우리나라 국기이고, 무궁화는 우리나라의 나라꽃입니다.

15 우리와 북한이 같은 민족임을 잊지 않고 북한에 대해 관심을 가져야 합니다. 일을 해서 돈을 버는 일은 1학년인 내가 할 수 없는 일입니다.

16 우리 주변에서 얼음을 볼 수 있는 계절은 겨울입니다. 얼음은 색깔과 냄새가 없습니다.

17 한쪽 다리로만 균형 잡기를 할 때는 한 발을 앞, 옆, 뒤로 들고 무릎을 구부려 5초간 같은 자세를 유지합니다. ①, ②, ③은 엉덩이로 V자 균형 잡기를 한 것이고, ⑤는 엎드려서 배만 대고 균형 잡기를 한 것입니다.

18 '반짝반짝' 노랫말을 부를 때는 양손을 머리 위로 올리고 흔듭니다.

19 배려는 남을 생각하는 마음으로, 남이 불편해하지 않도록 미리 생각해 행동하는 것입니다.

20 '따뜻한 마음' 대신 바꾸어 부를 수 있는 노랫말로는 '즐거운 마음'이 알맞습니다.

3회

국어 3회   124~127쪽

1 ⑤ 2 (1) ○ 3 (1)-ⓒ (2)-ⓐ (3)-ⓑ 4 ② 5 작은따옴표 6 ④ 7 송아지 8 ①, ② 9 ① 10 ⓔ 슬퍼하며 원망하는 목소리로 읽는다. 11 (1) ○ 12 ⑤ 13 ① 14 불조심, ⓔ 불조심에 대해 배웠기 때문이다. 15 ⓐ, ⓒ, ⓔ 16 지우개 17 ④ 18 ⑤ 19 ③ 20 ⓔ 무지개 양말에 구두 신고 다리를 뽐내며 춤을 출 것이다.

풀이

1 어른들은 상 위에 쌀, 떡, 책, 붓, 돈, 활, 실 등을 올려놓는다고 하였습니다.

2 (2)에서는 관련된 경험을 말하였습니다.

다시 한 번 확인해요!

글을 읽고 새롭게 알게 된 점 말하기 ➡ 8쪽
• 이미 알고 있었던 내용을 생각해 봅니다.
• 알고 싶은 점은 무엇인지 생각해 봅니다.
• 새롭게 알게 된 점을 생각해 봅니다.

3 '주렁주렁'은 어떤 물건이 탐스럽게 매달려 있는 모습, '쑥쑥'은 싹이 땅을 뚫고 나온 모습, '쨍쨍'은 햇볕이 강하게 내리쬐는 모습을 흉내 내는 말입니다.

4 '앉'에 받침 'ㄵ'이 들어 있습니다.

다시 한 번 확인해요!

여러 가지 받침이 있는 낱말 알기 ➡ 9쪽
• 받침에는 서로 다른 글자가 두 개인 것이 있습니다. (ㄲ, ㄵ, ㄶ, ㄺ, ㄻ, ㄼ, ㄳ, ㄽ, ㄿ, ㅀ)

| 앉 | = | ㅇ | + | ㅏ | + | ㄵ |

5 인물이 마음속으로 한 말을 적을 때 작은따옴표를 씁니다.

6 '원숭이는 나뭇잎을 먹었어요.'는 사실을 나타낸 문장입니다.

7 막내딸은 송아지를 선물하였습니다.

8 콩 한 알로 송아지를 만들어 낸 막내딸이 기특하고 흐뭇했을 것입니다.

9 아이에게 새끼 새를 빼앗기지 않으려고 둥지를 떠났습니다.

10 나무는 친구를 잃어버려서 아이를 원망하는 마음입니다.

다시 한 번 확인해요!

알맞은 목소리로 이야기 읽기 ➡ 20쪽
• 일어난 일을 설명할 때와 말하듯이 읽을 때를 구별해서 읽습니다.
• 등장인물에 따라 목소리를 바꾸어 가며 읽습니다.(ⓔ 상황에 맞게 장난스러운 목소리, 슬퍼하는 목소리, 원망스러운 목소리 등)

11 (2)에서는 관련된 경험을 말하였습니다.

12 민지의 기분과 자신의 기분을 생각하여 말해야 합니다.

13 불조심을 해야 한다는 것이 주요 내용입니다.

14 제목은 글의 내용이 드러나는 말입니다.

15 문장이 끝나는 곳에서 띄어 읽습니다.

16 지우개의 모양과 색깔에 대해서 설명한 글입니다.

다시 한 번 확인해요!

글을 읽고 무엇을 설명하는지 알기 ➡ 27쪽
• 설명하는 대상의 특성을 나누어 살펴보면 이해할 수 있습니다.
• 글에서 중요하게 말하고 있는 부분을 찾습니다.
• 글에서 가장 많이 나오는 것을 찾습니다.

17 이 글은 가게놀이를 한 일을 쓴 글입니다.

18 ⓐ과 ⓑ은 겪은 일을 나타낸 부분입니다.

19 토끼는 깡충깡충 뛰면 팔랑거리는 치마가 좋다고 하였습니다.

20 오징어는 무지개 양말에 구두 신고 다리를 뽐낸다고 하였습니다.

1 ②, ④　**2** ㉢　**3** >　**4** 예 가장 큰 수를 만들려면 10개씩 묶음의 수를 가장 큰 수 카드의 수로, 낱개의 수를 그 다음 수 카드의 수로 해야 합니다. 6>5>4>2이므로 가장 큰 수는 65입니다. ; 65　**5** (1) 39　(2) 70
6 (위에서부터) 89, 34, 32, 23
7 ㉠, ㉣, ㉡, ㉢　**8** ( ) (○) ( )
9 ③, ⑤　**10** 4　**11** 9
12 (1) 10　(2) 4　(3) 2　(4) 3
13 (1) − ㉡　(2) − ㉢　(3) − ㉠
14 (1) 5　(2) 10, 30　**15** 풀이 참조
16 12　**17** 3, 3, 2　**18** 예 당근−오이−오이−당근이 반복되는 규칙입니다. 따라서 당근 다음에는 오이가 들어가야 합니다. ; 오이
19 >　**20** 예 (진호가 가지고 있던 구슬의 수)=(빨간색 구슬의 수)+(파란색 구슬의 수)
=8+6=14(개)
(동생에게 주고 남은 구슬의 수)
=(가지고 있던 구슬의 수)−(동생에게 준 구슬의 수)=14−5=9(개) ; 9

풀이

1　② 62 − 예순둘 또는 육십이
　　④ 78 − 칠십팔 또는 일흔여덟

2　10개씩 묶음 7개와 낱개 5개인 수는 75이고, 75는 칠십오 또는 일흔다섯이라고 읽습니다.
　　㉢ 팔십오는 85입니다.

3　10개씩 묶음의 수를 비교하면 9>7이므로 96이 78보다 큽니다.

5　(1)
$$\begin{array}{r} 32 \\ + 7 \\ \hline 39 \end{array}$$
　(2)
$$\begin{array}{r} 40 \\ +30 \\ \hline 70 \end{array}$$

6
$$\begin{array}{r} 62 \\ +27 \\ \hline 89 \end{array}, \begin{array}{r} 30 \\ + 4 \\ \hline 34 \end{array}, \begin{array}{r} 62 \\ -30 \\ \hline 32 \end{array}, \begin{array}{r} 27 \\ - 4 \\ \hline 23 \end{array}$$

7　㉠ 35+21=56
　　㉡ 78−34=44
　　㉢ 30+10=40
　　㉣ 95−40=55

8　모두 △ 모양을 모은 것입니다.

9　동전을 종이 위에 대고 본을 뜨면 ○ 모양이 됩니다. ①과 ②는 □ 모양, ③과 ⑤는 ○ 모양, ④는 △ 모양이 됩니다.

10　□ 모양 3개, △ 모양 4개, ○ 모양 2개를 이용하였습니다.

12　(1) 5에 5를 더하면 10입니다.
　　(2) 6과 더해서 10이 되는 수는 4입니다.
　　(3) 10에서 8을 빼면 2입니다.
　　(4) 10에서 빼서 7이 되는 수는 3입니다.

13　(1) 4+6+7=10+7=17
　　(2) 2+5+8=10+5=15
　　(3) 3+9+1=3+10=13

14　(1) 짧은바늘이 5, 긴바늘이 12를 가리키므로 5시입니다.
　　(2) 짧은바늘이 10과 11 사이, 긴바늘이 6을 가리키므로 10시 30분입니다.

15

11시 30분이므로 짧은바늘이 11과 12 사이, 긴바늘이 6을 가리키도록 그립니다.

16　긴바늘이 12를 가리키므로 '몇 시'이고 짧은바늘이 12를 가리키므로 12시입니다.

17　2−2−3−3−3이 반복되는 규칙입니다.

19　15−7=8, 16−9=7
　　　　5 2　　6 3

20　8+6=14(개), 14−5=9(개)

가을, 겨울 ③회 131~133쪽

1 ③ 2 ③ 3 예 아파트 경비원, 이웃집 할머니 4 ④, ⑤ 5 ③ 6 ㉠, ㉢ 7 ① 8 (1) 사마귀 (2) 코스모스 9 ① 10 예 감사의 마음을 담아 편지를 쓴다. 11 ⑤ 12 ④ 13 ② 14 (1) 남 (2) 북 (3) 남 15 ③ 16 ②, ⑤ 17 (1) - ㉢ (2) - ㉠ (3) - ㉡ 18 ② 19 ④ 20 예 팔을 다친 친구의 가방을 들어 준다. 운동장 주변의 쓰레기를 줍는다.

풀이

1 동네 놀이터에서 만난 이웃들을 생각그물로 표현한 것입니다.

2 가위바위보에서 진 사람은 이긴 사람의 허리를 잡고 꼬리가 됩니다.

3 학교 앞에서 교통 봉사하시는 분, 옆집 아주머니, 이웃집 아기 등도 학교에 오는 길에 만날 수 있는 이웃입니다.

4 19세기에 김윤보가 그린 '타작' 입니다.

5 동서남북 놀이는 색종이 1장만 있으면 할 수 있는 간단한 실내 놀이입니다.

6 빨강과 노랑은 따뜻한 느낌이 들고, 초록은 시원한 느낌, 파랑은 차가운 느낌입니다.

7 딸기는 봄에 열매 맺는 과일입니다.

8 가을에 볼 수 있는 동물에는 사마귀, 여치, 잠자리, 메뚜기 등이 있습니다.

다시 한 번 확인해요!

가을에 볼 수 있는 동물

• 메뚜기: 몸은 머리, 가슴, 배의 세 부분으로 나뉘고 배 부분은 마디로 이루어져 있습니다.

• 여치: 몸 빛깔은 황갈색 또는 황록색이며 뒷다리를 이용하여 멀리 뛸 수 있습니다.

• 사마귀: 몸길이 60~85mm이며 주변 환경에 따라 몸 빛깔을 변화시킵니다.

• 잠자리: 일생 동안 육식을 하며 애벌레는 물에서 삽니다.

9 투호 놀이를 할 때는 화살과 통이 필요하며 가장 많은 화살을 통 안에 집어넣는 편이 승리합니다.

10 직접 찾아뵙고 감사의 말을 전하거나 전화를 드리는 것도 감사의 마음을 표현할 수 있는 방법입니다.

11 소고를 치는 부분은 ㉠, ㉢, ㉥, ㉦입니다.

12 우리 조상들이 살던 집은 짚, 종이, 흙, 나무 등으로 만들었습니다.

13 ㉠은 1층이고 집 밖에 마당이 있으며 화장실은 집 밖에 있습니다. ㉡은 여러 층이고 집에 마당이 없으며 화장실은 집 안에 있습니다.

▲ 짚

14 북한 학생들은 4월 1일에 새 학년을 시작하고 교복을 입습니다.

15 어른을 보면 앞으로 나와서 인사를 해야 합니다.

16 재활용 팽이는 시디의 가운데에 유리구슬을 글루건을 사용하여 붙여 만듭니다.

17 ㉠은 고글, ㉡은 눈썰매, ㉢은 얼레입니다.

다시 한 번 확인해요!

겨울철 놀이와 필요한 도구

구분	필요한 도구
연날리기	연, 얼레
썰매	썰매, 썰매 스틱(꼬챙이)
스키	스키, 스키복, 헬멧, 고글, 스키 장갑
스케이트	스케이트, 헬멧, 무릎 보호대

18 신문지 눈싸움 놀이가 끝나면 신문지를 펴서 정리합니다.

19 눈싸움 놀이를 할 때 눈 속에 다른 물질을 넣지 않도록 합니다.

20 무거운 물건을 들고 가는 선생님을 도와드리거나 자선 냄비에 내 용돈을 넣는 것도 내가 할 수 있는 나눔과 봉사 활동입니다.

국어 4 회

134~137쪽

1 (1)-ⓒ (2)-ⓐ 2 ① 3 ① 4 씽씽 5 기린 6 큰따옴표 7 ② 8 ④ 9 ③ 10 ⓔ 간절하고 다급하게 부탁하는 목소리로 읽는다. 11 ② 12 ②, ⑤ 13 ⑤ 14 "나와라, 옷!", "멈춰라, 옷!" 15 ① 16 (1)-ⓒ (2)-ⓐ (3)-ⓒ 17 ⓔ 뿌리를 먹는 채소의 좋은 점을 알게 되었다. / 채소가 몸에 좋다는 것을 알게 되었다. 18 ④ 19 ⓔ 실망스러웠다가 친구들의 위로에 다시 기분이 좋아졌다. 20 ④

풀이

1 받침 'ㄲ', 'ㅆ'이 들어간 글자를 찾아 봅니다.

> **다시 한 번 확인해요!**
>
> 낱말의 받침에 주의하며 글 읽기 ➡ 8쪽
> • 같은 자음자가 두 개인 받침이 있습니다.
> • 받침 'ㄲ', 'ㅆ'이 들어간 글자에 주의하여 글을 읽습니다.

2 병풍 책은 지그재그로 접어서 펼쳐지는 모양이 병풍처럼 생긴 책입니다.

3 달리기를 하는 모습을 흉내 내는 말을 사용하여 나타낸 시입니다.

4 씽씽 달리는 모습을 몸으로 표현했습니다.

6 ⓐ에 쓰인 따옴표의 이름은 큰따옴표입니다.

7 말하는 이는 요리사가 되고 싶다고 하였습니다.

> **다시 한 번 확인해요!**
>
> 자신의 꿈 말하기 ➡ 15쪽
> • 자신의 꿈을 떠올려 봅니다.
> • 자신의 꿈을 이루기 위해 잘하는 것, 부족한 것, 노력해야 할 것, 앞으로의 다짐 등을 생각하여 정리하여 봅니다.
> • 듣는 이를 바라보며 자신 있게 말합니다.

8 듣는 이를 모두 바라보아야 합니다.

> **다시 한 번 확인해요!**
>
> 듣는 이를 바라보며 자신 있게 말하기 ➡ 15쪽
> • 고개를 들고 말합니다.
> • 듣는 이를 바라보며 말합니다.
> • 바른 자세로 서서 말합니다.
> • 자신 있게 말합니다.

9 아이는 알을 모두 꺼내 가져가려고 하였습니다.

10 알을 아이에게 빼앗기지 않으려는 간절한 마음입니다.

11 고운 말을 들으면 기분이 좋아지고 친해지고 싶습니다.

12 열매를 준 나무에게 고맙다고 인사하고 동물들을 불러 모아 함께 나누어 먹었습니다.

13 임금님은 가난한 백성들에게 쌀과 옷을 나누어 주었습니다.

> **다시 한 번 확인해요!**
>
> 누가 무엇을 했는지 생각하며 글 읽기 ➡ 26쪽
> • 이야기에서 누가 나오는지 살펴봅니다.
> • 이야기의 흐름에서 누가 무엇을 하고 있는지 살펴봅니다.
> • 글에서 일어난 일을 알아봅니다.

14 임금님은 맷돌 앞에서 "나와라, 옷!", "멈춰라, 옷!" 하고 외쳤습니다.

15 도둑은 고약한 마음을 먹고 궁궐로 숨어들었습니다.

16 무는 기침감기에 도움이 되고, 당근은 눈에 좋으며, 고구마는 소화가 잘 됩니다.

17 이미 알고 있던 내용과 글을 읽고 새롭게 알게 된 내용을 비교하여 봅니다.

18 이어달리기에서 꼴찌를 했습니다.

19 꼴찌를 해서 실망스러웠으나, 친구들이 위로해 줘서 다시 기분이 좋아졌습니다.

20 친구와 함께 놀자는 뜻이므로 밝고 또렷한 목소리가 어울립니다.

수학 ④ 회
138~140쪽

1 70　　**2** 84 ; 팔십사, 여든넷　　**3** 예 10개씩 묶음의 수를 비교하면 72, 76이 56, 68보다 큽니다. 72, 76의 낱개의 수를 비교하면 2<6이므로 76이 가장 큰 수입니다. ; 76

4 (1) 89　(2) 47

5 (1) – ㉡　(2) – ㉢　(3) – ㉠　　**6** 60　　**7** 25

8 4　　**9** 4　　**10** △, ◯에 ○표

11 (1) 8　(2) 1　　**12** 6

13 (1) 10, 15　(2) 10, 16　　**14** ㉡

15 예 채윤이가 일어난 시각은 7시 30분이고, 다윤이가 일어난 시각은 8시입니다. 따라서 더 일찍 일어난 사람은 채윤이입니다. ; 채윤

16 풀이 참조　　**17** 빨간색

18 17, 16, 15, 14　　**19** (　) (　) (◯)

20 예 (재원이가 읽은 책의 수)−(지유가 읽은 책의 수)=16−9=7(권)
따라서 재원이가 지유보다 7권 더 많이 읽었습니다. ; 7

풀이

2 방울토마토를 10개씩 묶으면 10개씩 묶음 8개와 낱개 4개이므로 84입니다. 84는 팔십사 또는 여든넷이라고 읽습니다.

4 합: 68+21=89
차: 68−21=47

5 (1) 24+43=67　(2) 15+51=66
　　(3) 52+6=58
　　㉠ 34+24=58　㉡ 23+44=67
　　㉢ 52+14=66

6 (두 판에 들어 있는 달걀의 수)
　=30+30=60(개)

7 (남은 사과의 수)
　=(가게에 있던 사과의 수)−(팔린 사과의 수)
　=67−42=25(개)

8 ▢ 모양을 찾을 수 있는 물건은 ㉡, ㉢, ㉺, ㉽이고, △ 모양을 찾을 수 있는 물건은 ㉣, ㉤이고, ◯ 모양을 찾을 수 있는 물건은 ㉠, ㉻, ㉾입니다. 따라서 ▢ 모양을 찾을 수 있는 물건은 모두 4개입니다.

9 색종이를 점선을 따라 자르면 △ 모양 4개, ▢ 모양 2개가 나옵니다.

10 모자를 꾸미는 데 △ 모양 4개, ◯ 모양 4개를 이용하였습니다.

11 (1) 3+1+4=4+4=8
　　(2) 9−3−5=6−5=1

12 (남은 사탕의 수)=10−4=6(개)

13 10이 되는 두 수를 먼저 더하고 나머지 수를 더하여 계산합니다.

14 ㉡ 짧은바늘은 8과 9 사이, 긴바늘은 6을 가리키므로 8시 30분입니다.

> **다시 한 번 확인해요!**
>
> 시계 보기 ➡ 64쪽
> • 짧은바늘이 9, 긴바늘이 12를 가리킬 때 시계는 9시를 나타내고 아홉 시라고 읽습니다.
> • 2시, 3시, 4시 등을 시각이라고 합니다.

16

5시 30분은 짧은바늘이 5와 6 사이를, 긴바늘이 6을 가리키도록 그립니다.

17 빨간색 – 노란색 – 주황색 – 보라색 꽃이 반복되는 규칙입니다.

18 1씩 작아지는 수에 같은 수를 더하면 합도 1씩 작아집니다.

19 8+4=12, 9+6=15, 7+7=14

1 ③   2 ④   3 ①   4 예 친구에게 준비물을 빌려줬다. 넘어진 사람을 부축해 줬다.   5 ◯: ㉡, ㉢, ㉰ ✕: ㉠, ㉣, ㉱   6 ⑤   7 예 장보기를 돕는다. 한복을 꺼내 정리해 놓는다.   8 많이   9 소고   10 ①   11 콜라, 피자   12 ⑤   13 백두산   14 예 같은 민족이 서로 헤어져 사는 것은 슬픈 일이기 때문이다.   15 풀이 참고 16 ③   17 ⑤   18 ⑤   19 (1) ◯ (3) ◯   20 ㉢

풀이

1 긴 줄 끝을 묶어 줄 버스를 만듭니다.

2 탬버린을 연주할 때는 한 손으로 테두리를 잡고 다른 손바닥에 가볍게 칩니다.

3 '꿩 꿩 장 서방' 노래를 통해서 장 서방이 산 넘어 솔밭 집에 살고 있다는 것을 알 수 있습니다.

4 비를 맞고 가는 친구에게 우산을 씌워 준 일도 이웃을 도와준 경험입니다.

5 앞이 보이지 않는 시각 장애인을 만나면 힐끔힐끔 쳐다보지 말고, 길을 물으면 방향을 구체적으로 알려 줍니다.

6 추석에 대하여 조사할 때는 추석의 뜻, 하는 일, 먹는 음식, 하는 놀이 외에 추석이 언제부터 시작되었는지 조사합니다.

7 제기 닦는 것을 돕는 것도 내가 할 수 있는 일입니다.

8

콩 주머니 모으기 놀이는 일정 시간이 지나면 바구니에 있는 콩 주머니 수를 세어 많이 모은 편이

이기는 놀이입니다.

9 악기 이름은 소고입니다.

소고를 치는 방법

소고는 왼손으로 가볍게 잡고, 소고 채는 오른손으로 잡습니다. 소고를 칠 때는 두 손이 만나서 치도록 해야 소리도 크고 동작도 바르게 됩니다.

10 '달두 달두 밝다' 노래는 소고나 윷가락으로 장단을 치며 부를 수 있는 흥겨운 노래입니다.

11 콜라, 피자는 우리나라 전통음식이 아닙니다.

12 ⑤, ①, ②, ④, ③ 의 순서로 장식품을 만듭니다.

13 애국가 1절은 우리나라가 영원히 발전하기를 바란다는 의미입니다.

14 통일이 되면 서로 싸우지 않아도 되고 헤어진 가족을 만날 수 있습니다.

15 건조할 때는 보습제, 가습기를 사용합니다.

16 쓰임새가 비슷한 도구로 화로-전기난로, 장갑-손난로, 물수건-가습기를 짝지을 수 있습니다.

17 이쑤시개로 눈사람 팔을 만들어 색종이 장갑을 끼웁니다.

18 바닷가에서 수영을 하는 모습은 겨울과 어울리지 않는 모습입니다.

19 정해진 기간 동안 아무도 모르게 비밀 친구에게 도움을 줍니다.

20 도화지를 반으로 접고 왼손을 올려놓고 그립니다. 도화지가 겹쳐진 채로 가위로 손 모양을 오리면 하트 모양 편지가 완성됩니다.

Memo

교학사가 자신 있게 만들었습니다.

초등교재 시리즈

연산 + 문장 드릴수학

연산과 문장을 한 권으로 배우는 교재
▶ 1~6학년(총 24권)

강추수학 개념완성

개념이 쉬워지는 초등 수학 첫 기본 개념서
▶ 1~6학년

또바기와 모도리의 야무진 한글 (전 4권)

한글 공부와 받아쓰기 편으로 구성된 한글 실력 향상 교재
▶ 7~10세

또바기와 모도리의 야무진 수학 (전 10권)

초등 수학의 기초 개념을 난이도에 따라 단계별로 구성
▶ 유치~초1

표준 수학 특강

개념을 익히고 실력을 다지는 기본서
▶ 1~6학년(학기용)

전과목 단원평가 총정리

수시평가와 단원평가, 학업 성취도 평가 대비 문제집
▶ 1~6학년(학기용)

단원평가 시리즈

국어, 수학, 사회, 과학 단원평가와 시험 대비용 100점 예상문제로 구성
▶ 3~6학년(학기용)

단원평가
총정리

기초 튼튼
익힘북

국어 | 수학

1·2

전과목

단원평가
총정리

기초 튼튼 익힘북

▶ 다음 낱말을 바르게 써 보세요.

두 껍 다 두 껍 다

발 가 락 발 가 락

낚 시 낚 시 낚 시

묶 다 묶 다 묶 다

 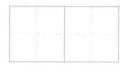 

▶ 따라 쓴 낱말과 그 뜻을 바르게 선으로 이으세요.

| 두껍다 | • | | • (1) | 끈, 줄 따위를 매듭으로 만들다. |

| 낚시 | • | | • (2) | 두께가 보통의 정도보다 크다. |

| 묶다 | • | | • (3) | 두가지 이상의 것을 한데 합치다. |

| 섞다 | • | | • (4) | 여러 가지 낚시 도구로 물고기를 낚는 일. |

◉ 다음 낱말을 바르게 써 보세요.

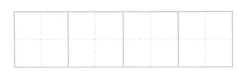

주 룩 주 룩

둥 실 둥 실

● 따라 쓴 낱말과 그 뜻을 바르게 선으로 이으세요.

흉내 •

• (1) 남이 하는 말이나 행동을 그대로 옮기는 짓.

농장 •

• (2) 작은 빛이 잠깐 잇따라 나타났다가 사라지는 모양.

반짝반짝 •

• (3) 농사지을 땅과 농기구, 가축, 노동력 따위를 갖추고 농업을 경영하는 곳.

주룩주룩 •

• (4) 굵은 물줄기나 빗물 따위가 빠르게 자꾸 흐르거나 내리는 소리.

◐ 다음 낱말을 바르게 써 보세요.

 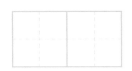 

▶ 따라 쓴 낱말과 그 뜻을 바르게 선으로 이으세요.

낙서 •	• (1)	다른 사람의 말이나 소리에 스스로 귀를 기울이다.
이야기 •	• (2)	글을 보고 거기에 담긴 뜻을 헤아려 알다.
듣다 •	• (3)	글자, 그림 따위를 장난으로 아무 데나 함부로 씀.
읽다 •	• (4)	일정한 줄거리를 가지고 하는 말이나 글.

● 다음 낱말을 바르게 써 보세요.

똑같다   똑같다

슬프다   슬프다

둥지   둥지   둥지

화내다   화내다

▶ 따라 쓴 낱말과 그 뜻을 바르게 선으로 이으세요.

슬프다 •		• (1) 몹시 노하여 화증을 내다.
화내다 •		• (2) 원통한 일을 겪거나 불쌍한 일을 보고 마음이 아프고 괴롭다.
기쁘다 •		• (3) 부서지거나 찌그러져 못 쓰게 되다.
망가지다 •		• (4) 욕구가 충족되어 마음이 흐뭇하고 흡족하다.

◉ 다음 낱말을 바르게 써 보세요.

거북이 거북이

다람쥐 다람쥐

맷돌 맷돌 맷돌

송편 송편 송편

◉ 따라 쓴 낱말과 그 뜻을 바르게 선으로 이으세요.

맷돌 •		• (1)	음력 매달 초하룻날과 보름날, 명절날, 조상 생일 등의 낮에 지내는 제사.
차례 •		• (2)	곡식을 가는 데 쓰는 기구.
송편 •		• (3)	높이는 30~60cm로 뿌리가 굵고 붉은 식물. 비타민 이(E)나 철분이 많아 데쳐서 무쳐 먹거나 국으로 끓여 먹는다.
시금치 •		• (4)	멥쌀가루를 반죽하여 콩, 밤, 깨 따위로 소를 넣고 빚어서 솔잎을 깔고 찐 떡.

● 다음 낱말을 바르게 써 보세요.

일기　일기　일기

단풍　단풍　단풍

서점　서점　서점

숲속　숲속　숲속

▶ 따라 쓴 낱말과 그 뜻을 바르게 선으로 이으세요.

단풍	•		• (1)	기후 변화로 식물의 잎이 붉은 빛이나 누런빛으로 변하는 현상. 또는 그렇게 변한 잎.
서점	•		• (2)	책을 갖추어 놓고 팔거나 사는 가게.
숲속	•		• (3)	옷감 따위를 바느질 하는 일.
재봉	•		• (4)	숲의 안쪽.

1~3　수를 세어 쓰고 읽고 보세요.

1

쓰기 (　　　　　　　　)

읽기 (　　　　,　　　　)

2

색연필　색연필　색연필　색연필

색연필　색연필　색연필

쓰기 (　　　　　　　　)

읽기 (　　　　,　　　　)

3

쓰기 (　　　　　　　　)

읽기 (　　　　,　　　　)

4~6　☐ 안에 알맞은 수를 써넣으세요.

4

10개씩 묶음 ☐ 개와 낱개 ☐

개를 ☐ (이)라고 합니다.

5

10개씩 묶음 ☐ 개와 낱개 ☐

개를 ☐ (이)라고 합니다.

6

10개씩 묶음 ☐ 개와 낱개 ☐

개를 ☐ (이)라고 합니다.

7
1만큼 더 작은 수　　1만큼 더 큰 수

| | 57 | |

8
1만큼 더 작은 수　　1만큼 더 큰 수

| | 69 | |

9
1만큼 더 작은 수　　1만큼 더 큰 수

| | 81 | |

10

| | 65 | 66 | |

11

| 78 | 79 | | |

12 62 ◯ 58

13 74 ◯ 77

14 84 ◯ 59

15

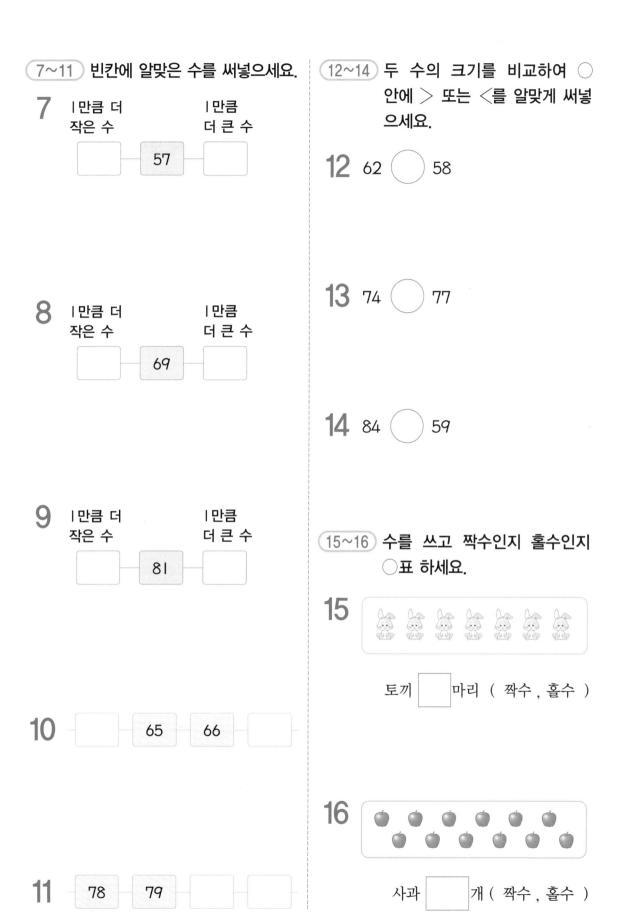

토끼 ☐ 마리 (짝수 , 홀수)

16

사과 ☐ 개 (짝수 , 홀수)

수학

1~5 덧셈을 해 보세요.

1
```
    3 4
  +   2
  ┌─────┐
  │     │
  └─────┘
```

2
```
    5 3
  +   6
  ┌─────┐
  │     │
  └─────┘
```

3
```
    3 0
  + 4 0
  ┌─────┐
  │     │
  └─────┘
```

4
```
    5 1
  + 2 4
  ┌─────┐
  │     │
  └─────┘
```

5
```
    4 6
  + 5 2
  ┌─────┐
  │     │
  └─────┘
```

6~12 덧셈을 해 보세요

6 27+2=☐

7 63+4=☐

8 20+50=☐

9 40+10=☐

10 32+26=☐

11 73+15=☐

12 64+15=☐

13~17 뺄셈을 해 보세요.

13

$$\begin{array}{r} 3\ 7 \\ -\ \ 4 \\ \hline \end{array}$$

14

$$\begin{array}{r} 5\ 6 \\ -\ \ 5 \\ \hline \end{array}$$

15

$$\begin{array}{r} 7\ 0 \\ -\ 5\ 0 \\ \hline \end{array}$$

16

$$\begin{array}{r} 5\ 8 \\ -\ 2\ 3 \\ \hline \end{array}$$

17

$$\begin{array}{r} 6\ 9 \\ -\ 4\ 6 \\ \hline \end{array}$$

18~24 뺄셈을 해 보세요

18 48−17=

19 65−32=

20 90−50=

21 60−40=

22 87−43=

23 59−25=

24 75−34=

[1~4] 알맞은 모양에 ◯표 하세요.

1

(■ , △ , ◯)

2

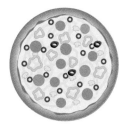

(■ , △ , ◯)

3

(■ , △ , ◯)

4

(■ , △ , ◯)

[5~7] 그림에서 ■, △, ◯ 모양을 몇 개씩 이용했는지 써 보세요.

5

■ 모양 (　　　　　)개
△ 모양 (　　　　　)개

6

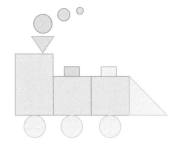

■ 모양 (　　　　　)개
△ 모양 (　　　　　)개
◯ 모양 (　　　　　)개

7

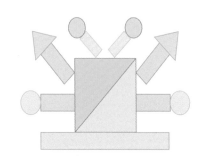

■ 모양 (　　　　　)개
△ 모양 (　　　　　)개
◯ 모양 (　　　　　)개

1~2　□ 안에 알맞은 수를 써넣으세요.

1　3+2+4= □

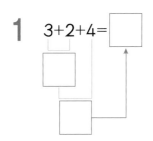

2　8−2−3= □

7~8　두 수를 더해 보세요.

7
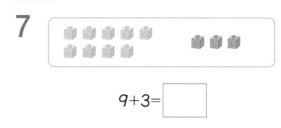

9+3= □

8
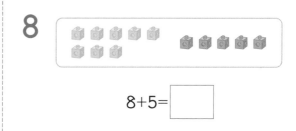

8+5= □

3~6　계산해 보세요.

3　5+1+2= □

4　2+3+2= □

5　9−4−3= □

6　7−1−5= □

9~10　□ 안에 알맞은 수를 써넣으세요.

9
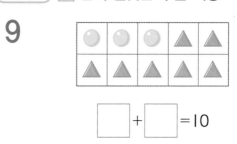

□ + □ =10

10
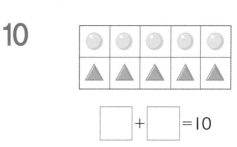

□ + □ =10

11~14 □ 안에 알맞은 수를 써넣으세요.

11 $6+4=$ ⬜

12 $7+$ ⬜ $=10$

13 ⬜ $+5=10$

14 $8+$ ⬜ $=10$

15~16 □ 안에 알맞은 수를 써넣으세요.

15

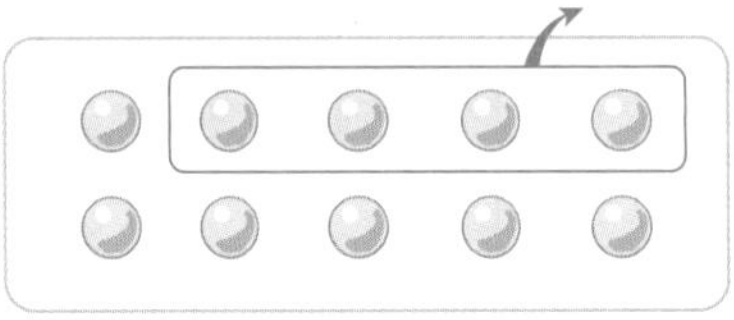

$10-4=$ ⬜

16

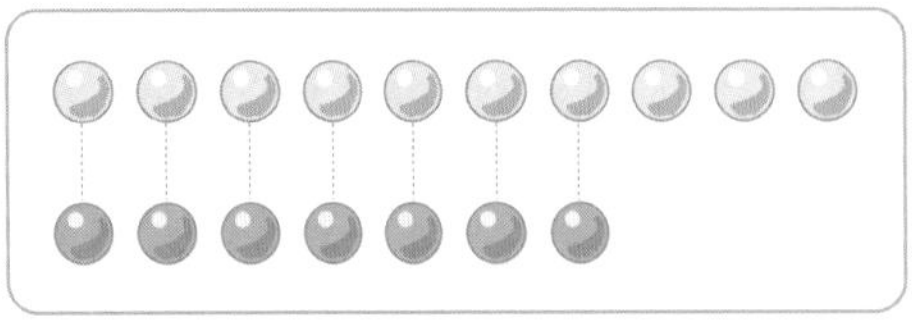

$10-7=$ ⬜

17~19 □ 안에 알맞은 수를 써넣으세요.

17 $10-5=$ ⬜

18 $10-3=$ ⬜

19 $10-8=$ ⬜

20~21 계산해 보세요.

20 $3+7+5=$ ⬜

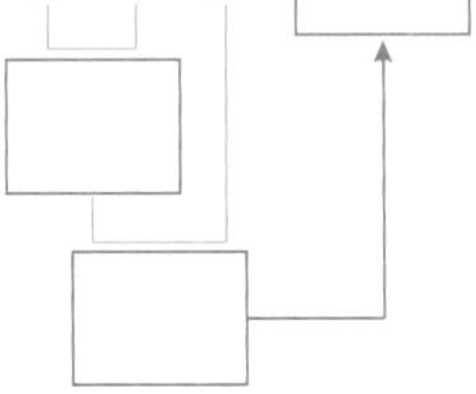

21 $3+2+8=$ ⬜

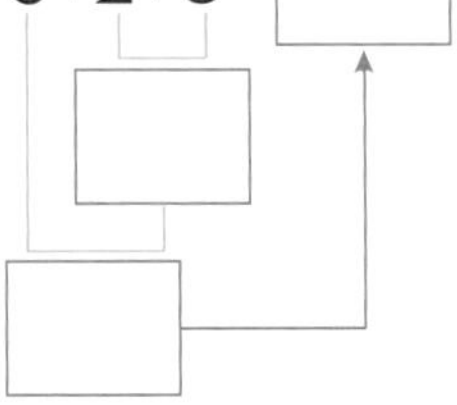

1~4 시각을 써 보세요.

1
　　　　　□ 시

2
　　　　　□ 시

3

□ 시 □ 분

4

□ 시 □ 분

5~7 규칙에 따라 빈칸에 알맞은 그림을 그려 보세요.

5

6

7

8~9 규칙에 따라 빈칸에 알맞은 수를 써넣으세요.

8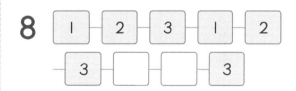

9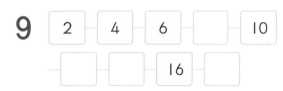

1 10을 이용하여 가르기와 모으기를 해 보세요.

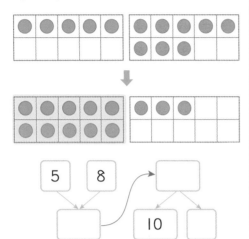

5	8	

| | 10 | |

2 그림을 보고 ☐ 안에 알맞은 수를 써 넣으세요.

$$8 + 4 = \boxed{}$$

2

3 그림을 보고 ☐ 안에 알맞은 수를 써 넣으세요.

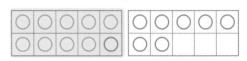

$$9 + 8 = \boxed{}$$

7

4~7 덧셈을 해 보세요.

4 $7+5=\boxed{}$

5 $8+6=\boxed{}$

6 $4+9=\boxed{}$

7 $9+7=\boxed{}$

8~10 그림을 보고 □ 안에 알맞은 수를 써넣으세요.

8

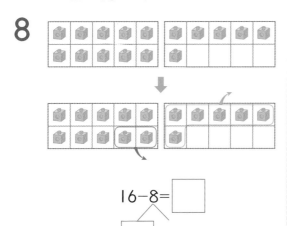

$16-8=\boxed{}$

$\boxed{}$ 2

9

$15-9=\boxed{}$

10 $\boxed{}$

10

$14-6=\boxed{}$

10 $\boxed{}$

11~12 □ 안에 알맞은 수를 써넣으세요.

11 $15-7=\boxed{}$

$\boxed{}$ 2

12 $13-8=\boxed{}$

10 $\boxed{}$

13~16 뺄셈을 해 보세요.

13 $11-5=\boxed{}$

14 $13-7=\boxed{}$

15 $14-9=\boxed{}$

16 $12-8=\boxed{}$

• **3쪽**
두껍다 – (2), 낚시 – (4), 묶다 – (1),
섞다 – (3)

• **5쪽**
흉내 – (1), 농장 – (3), 반짝반짝 – (2),
주룩주룩 – (4)

• **7쪽**
낙서 – (3), 이야기 – (4), 듣다 – (1),
읽다 – (2)

• **9쪽**
슬프다 – (2), 화내다 – (1), 기쁘다 – (4),
망가지다 – (3)

• **11쪽**
맷돌 – (2), 차례 – (1), 송편 – (4),
시금치 – (3)

• **13쪽**
단풍 – (1), 서점 – (2), 숲속 – (4),
재봉 – (3)

• **14~15쪽**
1 60 ; 육십, 예순   2 70 ; 칠십, 일흔
3 90 ; 구십, 아흔   4 5, 3, 53
5 6, 5, 65   6 8, 6, 86   7 56, 58
8 68, 70   9 80, 82   10 64, 67
11 80, 81   12 >   13 <   14 >
15 7, 홀수   16 12, 짝수

• **16~17쪽**
1 36   2 59   3 70   4 75
5 98   6 29   7 67   8 70

9 50   10 58   11 88   12 79
13 33   14 51   15 20   16 35
17 23   18 31   19 33   20 40
21 20   22 44   23 34   24 41

• **18쪽**
1 ■에 ○표   2 ●에 ○표
3 △에 ○표   4 ■에 ○표
5 1, 3   6 5, 2, 6   7 7, 4, 4

• **19~20쪽**
1 (계산 순서대로) 5, 9, 9
2 (계산 순서대로) 6, 3, 3
3 8   4 7   5 2   6 1   7 12
8 13   9 3, 7   10 5, 5   11 10
12 3   13 5   14 2   15 6   16 3
17 5   18 7   19 2
20 (계산 순서대로) 10, 15, 15
21 (계산 순서대로) 10, 13, 13

• **21쪽**
1 4   2 11   3 2, 30   4 9, 30
5 ●   6 ♥   7 ☆
8 1, 2   9 8, 12, 14, 18

• **22~23쪽**
1 13 ; 13, 3   2 2, 12   3 1, 17
4 12   5 14   6 13   7 16
8 6, 8   9 5, 6   10 4, 8
11 5, 8   12 3, 5   13 6   14 6
15 5   16 4

단원평가
총정리

기초 튼튼
익힘북

국어 | 수학